中国古代宫殿

乔志霞 编著

中国商业出版社

图书在版编目（CIP）数据

中国古代宫殿／乔志霞编著．－－北京：中国商业出版社，2015.5（2023.4 重印）
 ISBN 978-7-5044-8571-7

Ⅰ．①中… Ⅱ．①乔… Ⅲ．①宫殿-古建筑-介绍-中国 Ⅳ．①K928.74

中国版本图书馆 CIP 数据核字（2015）第 117098 号

责任编辑：常　松

中国商业出版社出版发行
010-63180647　www.c-cbook.com
（100053 北京广安门内报国寺 1 号）
新华书店经销
三河市吉祥印务有限公司印刷

＊

710 毫米×1000 毫米　16 开　12.5 印张　200 千字
2015 年 5 月第 1 版　2023 年 4 月第 3 次印刷
定价：25.00 元

＊　＊　＊

（如有印装质量问题可更换）

《中国传统民俗文化》编委会

主　编	傅璇琮	著名学者，国务院古籍整理出版规划小组原秘书长，清华大学古典文献研究中心主任，中华书局原总编辑
顾　问	蔡尚思	历史学家，中国思想史研究专家
	卢燕新	南开大学文学院教授
	于　娇	泰国辅仁大学教育学博士
	张骁飞	郑州师范学院文学院副教授
	鞠　岩	中国海洋大学新闻与传播学院副教授，中国传统文化研究中心副主任
	王永波	四川省社会科学院文学研究所研究员
	叶　舟	清华大学、北京大学特聘教授
	于春芳	北京第二外国语学院副教授
	杨玲玲	西班牙文化大学文化与教育学博士
编　委	陈鑫海	首都师范大学中文系博士
	李　敏	北京语言大学古汉语古代文学博士
	韩　霞	山东教育基金会理事，作家
	陈　娇	山东大学哲学系讲师
	吴军辉	河北大学历史系讲师
策划及副主编	王　俊	

序 言

  中国是举世闻名的文明古国,在漫长的历史发展过程中,勤劳智慧的中国人创造了丰富多彩、绚丽多姿的文化。这些经过锤炼和沉淀的古代传统文化,凝聚着华夏各族人民的性格、精神和智慧,是中华民族相互认同的标志和纽带,在人类文化的百花园中摇曳生姿,展现着自己独特的风采,对人类文化的多样性发展做出了巨大贡献。中国传统民俗文化内容广博,风格独特,深深地吸引着世界人民的眼光。

  正因如此,我们必须按照中央的要求,加强文化建设。2006年5月,时任浙江省委书记的习近平同志就已提出:"文化通过传承为社会进步发挥基础作用,文化会促进或制约经济乃至整个社会的发展。"又说,"文化的力量最终可以转化为物质的力量,文化的软实力最终可以转化为经济的硬实力。"(《浙江文化研究工程成果文库总序》)2013年他去山东考察时,再次强调:中华民族伟大复兴,需要以中华文化发展繁荣为条件。

  正因如此,我们应该对中华民族文化进行广阔、全面的检视。我们应该唤醒我们民族的集体记忆,复兴我们民族的伟大精神,发展和繁荣中华民族的优秀文化,为我们民族在强国之路上阔步前行创设先决条件。实现民族文化的复兴,必须传承中华文化的优秀传统。现代的中国人,特别是年轻人,对传统文化十分感兴趣,蕴含感情。但当下也有人对具体典籍、历史事实不甚了解。比如,中国是书法大国,谈起书法,有些人或许只知道些书法大家如王羲之、柳公权等的名字,知道《兰亭集序》

是千古书法珍品,仅此而已。

再如,我们都知道中国是闻名于世的瓷器大国,中国的瓷器令西方人叹为观止,中国也因此获得了"瓷器之国"(英语 china 的另一义即为瓷器)的美誉。然而关于瓷器的由来、形制的演变、纹饰的演化、烧制等瓷器文化的内涵,就知之甚少了。中国还是武术大国,然而国人的武术知识,或许更多来源于一部部精彩的武侠影视作品,对于真正的武术文化,我们也难以窥其堂奥。我国还是崇尚玉文化的国度,我们的祖先发现了这种"温润而有光泽的美石",并赋予了这种冰冷的自然物鲜活的生命力和文化性格,如"君子当温润如玉",女子应"冰清玉洁""守身如玉";"玉有五德",即"仁""义""智""勇""洁";等等。今天,熟悉这些玉文化内涵的国人也为数不多了。

也许正有鉴于此,有忧于此,近年来,已有不少有志之士开始了复兴中国传统文化的努力之路,读经热开始风靡海峡两岸,不少孩童以至成人开始重拾经典,在故纸旧书中品味古人的智慧,发现古文化历久弥新的魅力。电视讲坛里一拨又一拨对古文化的讲述,也吸引着数以万计的人,重新审视古文化的价值。现在放在读者面前的这套"中国传统民俗文化"丛书,也是这一努力的又一体现。我们现在确实应注重研究成果的学术价值和应用价值,充分发挥其认识世界、传承文化、创新理论、资政育人的重要作用。

中国的传统文化内容博大,体系庞杂,该如何下手,如何呈现?这套丛书处理得可谓系统性强,别具匠心。编者分别按物质文化、制度文化、精神文化等方面来分门别类地进行组织编写,例如,在物质文化的层面,就有纺织与印染、中国古代酒具、中国古代农具、中国古代青铜器、中国古代钱币、中国古代木雕、中国古代建筑、中国古代砖瓦、中国古代玉器、中国古代陶器、中国古代漆器、中国古代桥梁等;在精神文化的层面,就有中国古代书法、中国古代绘画、中国古代音乐、中国古代艺术、中国古代篆刻、中国古代家训、中国古代戏曲、中国古代版画等;在制度文化的层面,就有中国古代科举、中国古代官制、中国古代教育、中国古代军队、中国古代法律等。

　　此外,在历史的发展长河中,中国各行各业还涌现出一大批杰出人物,至今闪耀着夺目的光辉,以启迪后人,示范来者。对此,这套丛书也给予了应有的重视,中国古代名将、中国古代名相、中国古代名帝、中国古代文人、中国古代高僧等,就是这方面的体现。

　　生活在21世纪的我们,或许对古人的生活颇感兴趣,他们的吃穿住用如何,如何过节,如何安排婚丧嫁娶,如何交通出行,孩子如何玩耍等,这些饶有兴趣的内容,这套"中国传统民俗文化"丛书都有所涉猎。如中国古代婚姻、中国古代丧葬、中国古代节日、中国古代民俗、中国古代礼仪、中国古代饮食、中国古代交通、中国古代家具、中国古代玩具等,这些书籍介绍的都是人们颇感兴趣、平时却无从知晓的内容。

　　在经济生活的层面,这套丛书安排了中国古代农业、中国古代经济、中国古代贸易、中国古代水利、中国古代赋税等内容,足以勾勒出古代人经济生活的主要内容,让今人得以窥见自己祖先的经济生活情状。

　　在物质遗存方面,这套丛书则选择了中国古镇、中国古代楼阁、中国古代寺庙、中国古代陵墓、中国古塔、中国古代战场、中国古村落、中国古代宫殿、中国古代城墙等内容。相信读罢这些书,喜欢中国古代物质遗存的读者,已经能掌握这一领域的大多数知识了。

　　除了上述内容外,其实还有很多难以归类却饶有兴趣的内容,如中国古代乞丐这样的社会史内容,也许有助于我们深入了解这些古代社会底层民众的真实生活情状,走出武侠小说家加诸他们身上的虚幻的丐帮色彩,还原他们的本来面目,加深我们对历史真实性的了解。继承和发扬中华民族几千年创造的优秀文化和民族精神是我们责无旁贷的历史责任。

　　不难看出,单就内容所涵盖的范围广度来说,有物质遗产,有非物质遗产,还有国粹。这套丛书无疑当得起"中国传统文化的百科全书"的美誉。这套丛书还邀约大批相关的专家、教授参与并指导了稿件的编写工作。应当指出的是，这套丛书在写作过程中，既钩稽、爬梳大量古代文化文献典籍，又参照近人与今人的研究成果，将宏观把握与微观考察相结合。在论述、阐释中，既注意重点突出，又着重于论证层次清晰，从多角度、多层面对文化现象与发展加以考察。这套丛书的出版，有助于我们走进古人的世界，了解他们的生活，去回望我们来时的路。学史使人明智，历史的回眸，有助于我们汲取古人的智慧，借历史的明灯，照亮未来的路，为我们中华民族的伟大崛起添砖加瓦。

是为序。

傅璇琮

2014年2月8日

前　言

　　中国5000多年辉煌历史积淀了深厚的建筑文化传统，在世界建筑历史上写下了辉煌的篇章。古代中国，上至帝王下至士人、工匠都参与了建筑营造活动，人们"象天法地"，使建筑环境能与自然山川浑然一体；人们注重人伦，建立了严密而又灵动的建筑空间秩序；人们充分发挥了土、木、砖、石等材料的特性，极大地丰富了建筑空间的艺术感染力。那些流畅飘逸的屋顶曲线，色彩鲜明的琉璃构件，层层叠叠的梁枋斗拱，丰富而和谐的雕饰彩绘，无不显示出前人对建筑艺术本质的深刻理解。中国古典建筑以自己端庄而优雅的线形和色彩，以其深邃而稳重的空间格局，成为世界建筑史上最美丽、最典雅、最适于人类居住的建筑体系之一。

　　在中国古代建筑中，宫殿建筑是发展得最为成熟、艺术成就最高、规模也最大的建筑类型，是中国古代建筑最重要的组成部分。中国宫殿建筑的空间艺术、表现手法高度成熟且极具表现力，它鲜明地反映了中国传统文化注重巩固人间社会政治秩序、注重人类社会与自然界和谐的特点。宫殿是帝王朝会和居住的地方，除了满足帝王的物质生活要求外，还要以其巍峨壮丽的气势、宏大的规模和严谨整饬的空间格局，给人以强烈的精神震撼，以显示皇家权威。

因而历代的宫殿建筑最集中地体现了中国传统建筑艺术手法、技术水平和建筑美学思想，为我们解读中国传统建筑美学提供了最完整的范本。

中国古代宫殿建筑从使用功能、空间构成、木构技术和装饰工艺等方面都可以说是世界古代建筑史上最为复杂的建筑体系之一，它在中国建筑历史中也始终占据着至高无上的地位。和许多古代文明不同的是，在中国数千年文明史中，多数时候世俗的君王都是绝对权威的代表，他们不仅是人间世俗权力的掌握者，也是天界神权的代言人。所以在中国古代建筑的发展史中，没有其他建筑类型可以与帝王居住和工作的宫殿建筑相提并论。

由于地位崇高且内容涵盖广泛，中国古代宫殿建筑在技术和艺术手法上博采众长，汲取了几乎所有传统建筑类型的有益成分。反过来，它又成为中国几乎所有其他建筑类型的范本。诸如宗教建筑、官衙、庙宇、学堂以至平民住宅，都在布局手法上与宫殿建筑有着本质的联系。但从起源上来看，宫殿建筑又源于上古时期的住宅和神庙，所以各类中国传统建筑都与宫殿建筑有着千丝万缕的联系。

本书详述了古代宫殿建筑的发生与发展、类型与形式、材料与构造、艺术与文化，同时介绍了几十所具有代表性的宫殿建筑，生动具体地展现了历史上最为辉煌的建筑成就，是一本既有学术性又有翔实知识性的通俗易懂的图书，为了解学习研究中国古代宫殿建筑艺术提供了丰富的参考资料。

目录

第一章 古代宫殿的起源与发展

第一节 古代宫殿起源与发展综述 ………………… 2
古代宫殿建筑的起源 ………………………… 2
古代宫殿建筑的发展 ………………………… 3

第二节 宫殿的雏形——先秦宫殿 ……………… 7
西安半坡仰韶文化遗址 ……………………… 7
二里头夏代宫殿遗址 ………………………… 8
郑州商城的宫殿 ……………………………… 10
西周早期的祖庙 ……………………………… 14
周代宫殿制度 ………………………………… 14
周王的宫廷前殿——"明堂" ………………… 15
东周列国的宫殿建筑 ………………………… 17
春秋时期的秦都雍城宫殿 …………………… 19

第三节 秦汉六朝时期的宫殿 …………………… 20
大秦帝国的宫殿群落 ………………………… 20
威严壮观的西汉宫殿 ………………………… 23
东汉洛阳的宫殿 ……………………………… 24
魏晋南北朝的宫殿 …………………………… 25

第四节　隋唐两宋宫殿 …… 29
庄严富丽的隋、唐宫殿 …… 29
北宋东京城的宫殿 …… 32
南宋临安城的宫殿 …… 33
游牧民族的辽、金宫殿 …… 34

第五节　元明清宫殿 …… 37
元大都的宫殿 …… 37
硕果仅存的明、清宫殿 …… 39

第二章　古代宫殿建筑的结构与审美

第一节　宫殿建筑的基本概念与时代特点 …… 42
宫殿建筑的的几个基本概念 …… 42
中国宫殿建筑的时代特点 …… 44

第二节　宫殿建筑的功能构成 …… 47
古代宫殿的前朝部分 …… 48
古代宫殿的后宫部分 …… 49
古代宫殿的苑囿与园林 …… 51
古代宫殿的禁城和门阙 …… 52
古代宫殿的宣传和教育机构 …… 54
祭祀建筑及其他附属建筑 …… 56

第三节　古代宫殿建筑的"天人合一"思想 …… 58
宫殿建筑的"象天"思想 …… 58
中国宫殿建筑与地理环境 …… 61
宫殿建筑中的"风水观" …… 63

宫殿建筑与礼制等级秩序 …………………………………… 64

第四节　中国宫殿建筑的审美特征 …………………………… 66

古代宫殿的总体布局 ………………………………………… 66

古代宫殿的单体结构 ………………………………………… 67

古代宫殿的室外陈设 ………………………………………… 70

古代宫殿的室内装修 ………………………………………… 72

第三章　华丽的喧嚣——历史上的宫殿

第一节　大国巍峨，天朝上宫 …………………………………… 76

河南安阳殷墟 ………………………………………………… 76

秦咸阳宫 ……………………………………………………… 77

陕西西安阿房宫 ……………………………………………… 78

西汉未央宫 …………………………………………………… 80

西汉建章宫 …………………………………………………… 81

西汉长乐宫 …………………………………………………… 82

东汉洛阳南北宫 ……………………………………………… 83

六朝建业及建康宫殿 ………………………………………… 84

隋洛阳宫殿 …………………………………………………… 86

唐长安太极宫 ………………………………………………… 87

唐长安大明宫 ………………………………………………… 88

唐长安兴庆宫 ………………………………………………… 91

北宋东京城的宫殿 …………………………………………… 93

南宋临安城的宫殿 …………………………………………… 93

元大都的宫殿 ………………………………………………… 94

第二节　威临华夏，离宫别馆 …………………………………… 96

陕西长安长门宫 ……………………………………………… 96

陕西西安上林苑	98
长安甘泉宫	99
湖北武汉盘龙城遗址	101
南京朝天宫	101
苏州馆娃宫	103
承德离宫	103
西藏阿里古格王宫	105
西藏罗布林卡	106

第四章 冠绝天下——故宫

第一节 紫金之巅——北京故宫 ………… 110

君临天下紫禁城 ………… 110
故宫的建筑特色 ………… 112
故宫中轴线 ………… 114
故宫四门 ………… 114

第二节 北京故宫内的名宫 ………… 116

乾清宫 ………… 116
储秀宫 ………… 117
重华宫 ………… 118
坤宁宫 ………… 119
翊坤宫 ………… 120
永和宫 ………… 122
景仁宫 ………… 123
慈宁宫 ………… 124
咸福宫 ………… 125

景阳宫 …………………………………………………… 127

德寿宫 …………………………………………………… 128

毓庆宫 …………………………………………………… 130

长春宫 …………………………………………………… 131

第三节　北京故宫名殿 …………………………… 133

太和殿 …………………………………………………… 133

中和殿 …………………………………………………… 135

保和殿 …………………………………………………… 137

交泰殿 …………………………………………………… 138

皇极殿 …………………………………………………… 139

奉先殿 …………………………………………………… 141

养心殿 …………………………………………………… 142

太极殿 …………………………………………………… 144

英华殿 …………………………………………………… 146

体元殿 …………………………………………………… 147

武英殿 …………………………………………………… 148

文华殿 …………………………………………………… 149

第四节　沈阳故宫 ………………………………… 152

盛京宫阙 ………………………………………………… 152

沈阳故宫大政殿 ………………………………………… 154

沈阳故宫崇政殿 ………………………………………… 155

第五章　皇天后土——宗教祭祀宫殿

第一节　奉天敬人 ………………………………… 160

北京天坛 ………………………………………………… 160

雍和宫 …………………………………… 164

定陵地宫 ………………………………… 165

山东曲阜孔庙大成殿 …………………… 166

泰安岱庙天贶殿 ………………………… 168

泉州天后宫 ……………………………… 170

烟台天后行宫 …………………………… 171

第二节 宗教圣地 …………………… 172

山西芮城永乐宫 ………………………… 172

山东太平宫 ……………………………… 173

西藏布达拉宫 …………………………… 175

西藏雍布拉康 …………………………… 178

参考书目 ………………………………… 182

第一章

古代宫殿的起源与发展

帝王的宫室建筑"上栋下宇",不仅仅是为了"以待风雨"的日常生活居处所需,更是为了用以"取诸大壮"的象征比附意义。所以,自三代以后,历代帝王登基后都要大兴土木,建设都城,而重点则在大内宫殿的营造,以象征他们的统治具有至高无上的权威和长治久安的实力基础。这样,宫殿建筑便成了中国古典建筑艺术的最高典范,足以代表每一个时代建筑的最高水平。

第一节
古代宫殿起源与发展综述

古代宫殿建筑的起源

据史料记载，至少在秦之前，"宫"通常指的是居住房屋建筑。《尔雅·释宫》记载："宫谓之室，室谓之宫。"在秦朝之后，"宫"逐渐成为皇家建筑的专用名称，而且还经常与公务殿堂一起，被称为"宫殿"。在中国的建筑体系中，宫殿建筑代表着一系列的建筑群落，并不只是指某个单一的建筑物。从文化方面来说，宫的私密性更重，具有阴柔的内在功能；而殿的公开性比较强，具有阳刚的外在张扬性。所以，中国宫殿建筑通常都表现为"前殿后宫"的格局和"前明后幽"的思想。例如，北京故宫的前殿是看不到任何植物和树木的，但是后院中引进了园林建筑文化，特别是御花园。这就形成了完全不同的建筑风格和气息。

据记载，中国皇家宫殿建筑最早可以追溯到传说中的大禹时期，战国时期的《世本》也记载有"禹作宫室"。在殷代末年，纣王大修宫苑，《史记·殷本纪》注引《竹书纪年》记载："南据朝歌，北据邯郸及沙丘，皆为离宫别馆。"朝歌也就是现在的河南安阳，在这里的宫殿遗址中发现了很多土筑殿基，不仅有排列成行的大卵石柱础，而且柱础之上覆以铜"横"，也就是垫板。

二里头宫城遗址

第一章 古代宫殿的起源与发展

1983年，在河南尸沟乡发现了一座商朝早期城址，它包括三部分，即宫城、内城和外城。宫城位于内城南北轴线上，而外城是后来扩建的。宫城中已发掘的宫殿遗址上下叠压三层，都是庭院式建筑，是迄今所知最宏大的商朝早期单体建筑遗址。

到目前为止，我国考古工作者先后对河南的二里头宫城遗址区进行了考察，从中发掘了非常多的宫殿群基址。它们是目前我国发现年代最早的大型宫殿建筑基址。从一些资料中，我们可以得知，二里头宫殿建筑在早、晚两个时期的建筑格局不仅保持了基本统一的建筑方向和建筑轴线，而且还有明显的不同。晚期则出现了围墙，由一体化的多重院落布局演变为多个单体建筑纵向排列。

古代宫殿建筑的发展

众所周知，春秋战国时期是诸侯争霸的时期，为了彰显自己的权力，各诸侯都不遗余力地修筑宫室。"高台榭、美宫室"在诸侯争霸中成为风气，在齐临淄、赵邯郸、燕下都等处宫殿遗址仍然可以感受到当时的氛围。

秦始皇统一六国后，开始大修宫殿，其中一个非常大的作为是建造了历史上规模宏大的阿房宫。据《史记·秦始皇本纪》记载：秦始皇帝三十五年，"始皇以为咸阳人多，先王之宫廷小……乃营作朝宫渭南上林苑中。先作前殿阿房，东西五百步，南北五十丈，上可以坐万人，下可以建五丈旗。周施为阁道，自殿下直抵南山。表南山之巅以为阙。"因为前殿非常宏伟，而且是始皇之帝业，所以从此之后凡是帝王的居所都被称为宫殿。宫是指一组宫殿建筑的全部，而殿是指宫中的重要建筑。从此之后，出现了一系列规模宏大的帝王宫苑，如汉长安的长乐宫、未央宫、建章宫，洛阳的北宫、南宫，殿阁楼台，离宫别馆。在汉代以后历朝宫殿都是非常华丽的，如隋朝的仁寿宫、唐朝的大明宫、兴庆宫，北宋时期的东京大内，辽、金、元时期的燕都宫殿。但是，令人感到非常可惜的是，这些帝王宫殿，大多在改朝换代的战火中被焚毁了。即使没有在战乱中被毁坏，也未能幸

沈阳故宫

存。因为帝王宫殿象征着王朝的政权，显示新王朝势力的重要步骤就是毁掉前朝的宫殿。因此，在元朝统治者从大都败逃之后，虽然大都的宫殿是完好无损的，但是明朝并没有保存下来。朱元璋特地派了工部侍郎肖洵前来北京拆毁元代宫殿。肖洵来到大都之后，虽然非常欣赏这完整的宫殿，但是又必须按照皇帝的命令拆毁它。于是，他专门写了一本《故宫遗录》来记录其盛况，这本书为当代研究元代宫殿提供了重要史料。

现在比较完整地保存下来的帝王宫殿只有两处：一是北京的明清故宫，二是沈阳的清故宫。北京的明清故宫之所以能够被保存下来，是因为当清统治者攻下北京的时候，最初看到壮丽的宫殿之时，也有拆掉的念头，但是又感到非常可惜，所以在经过慎重考虑之后，决定保存下来，把原来建筑物上的匾额取下来换上新的。例如，把原来的皇城头道门大明门换成了大清门；把原来的承天门改成了天安门；把原来的奉天、华盖、谨身三大殿改成了太和、中和、保和三大殿。在很短的时间内，明朝的皇宫就变成了清朝的皇宫，这样不仅保存了明朝的宫殿，而且还节省了修筑清朝宫殿的人力、物力和财力。这也是历史上的重大举措。另一处是沈阳故宫，因为在清朝统治者入关之前就以它作为宫殿，所以被看作清王朝的"发祥"之地，即使在统一全国之后，统治者也对它爱护有加，甚至增修了不少殿阁楼台等建筑。

宫殿的雏形可以说是从母系氏族向父系的转化过程中出现的。先是氏族公社内部所形成的"小氏族"或者说"家族"普遍发展起来，并成为生产单位。家族的产品不断增加、财产不断积累，这对于氏族来说是私有的。氏族的公有制原则被破坏，氏族实际上只剩下躯壳。一个氏族之内的若干家族之间，由于人口结构不同、劳力和消费多寡不一、劳动技能也有差别，所以就出现了贫富不均的不平等现象。男性经济地位的提高，使其取得家族财产的支配权，最后促成家族的解体，完成了向父系家庭的过渡。一夫一妻制的父系家庭可以确认子嗣，更加强了私有观念，加剧了各家庭之间的贫富分化。恩格斯在《家庭、私有制和国家的起源》一书中，阐述氏族解体时写道："最卑下的利益——庸俗的贪欲、粗暴的情欲、卑下的物欲、对公共财产的自私自利的掠夺——揭开了新的、文明的阶级社会；最卑鄙的手段——偷窃、暴力、欺诈、背信——毁坏了古老的没有阶级的氏族制度，把它引向崩溃。"以血缘纽带联系起来的氏族公社终于演变成了阶级的国家。原来推选出来的组织生产、主持分配及对外氏族交换的首领，这时已开始向拥有特权的统治者、剥削者转化。少数人坐享其成，大部分人沦为被奴役的地位。前者为统治阶

级，后者为被统治阶级。随着阶级的形成和阶级矛盾的激化，建筑也开始走向两极分化——一方面已有相当水准的氏族公社成员的住房倒退为广大奴隶、平民聊以栖身的更为原始的穴居、半穴居或地面窝棚；另一方面，在奴隶劳动的基础上，原始地面建筑向高大、繁复和华丽发展，进而作为奴隶主、贵族的宫殿。具体地说，开始是氏族"大房子"被业已质变的氏族首领所占用并视为私有财产和阶级统治的工具，从而形成了宫殿的雏形。

知识链接

世界最著名的十大古代宫殿（一）

1. 白金汉宫

白金汉宫是英国王宫，位于英国伦敦。1703年白金汉宫建成，1837年维多利亚女王即位，正式成为王宫。宫殿十分豪华，其内设有宴会厅、音乐厅等600多个厅室，正宫前广场中心矗立有维多利亚女王石像。宫前每日上午11：30～12：00之间举行皇家卫队换岗仪式，吸引着络绎不绝的游人。

2. 克里姆林宫

克里姆林宫位于俄罗斯莫斯科市中心，始建于1156年，曾为莫斯科公国和18世纪以前的沙皇皇宫。俄国十月革命胜利后，成为党政领导机关驻地。后屡经扩建，建筑群古老而庞大，主要有大克里姆林宫、圣母升天教堂、政府大厦、伊凡大帝钟楼等。如今也作为俄罗斯政府的代称。

3. 凡尔赛宫

凡尔赛宫是法国封建时期帝王的行宫，位于巴黎市西南凡尔赛城。始建于16世纪，后屡经扩建形成现在的规模。该建筑群包括宫前大花园、宫殿和放射形大道三部分，形体对称，轴形东西向。宫内装潢极其豪华，内壁悬挂壁毯、油画、雕刻，大厅内陈列著名雕刻家的青铜或大理石雕像，享有"艺术宫殿"之盛誉。

4. 故宫

故宫始建于明永乐四年（1406年）至明永乐十八年（1420年）落成。故宫是中国明、清两朝最大的皇家处理政务和生活起居的场所。现已辟为国家级博物馆，供中外游客参观游览。故宫位于北京市中心，前通天安门，后依景山，东近王府井大街，西临中南海。1961年，经国务院批准，故宫被列为全国第一批重点文物保护单位。

紫禁城

1987年，故宫被联合国教科文组织列入"世界文化遗产"名录。宫内有雄奇瑰丽的建筑和无数的艺术珍宝，现已成为闻名中外的旅游胜地。

5. 布达拉宫

布达拉宫位于西藏拉萨西北的玛布日山上，是著名的宫堡式建筑群，藏族古建筑艺术的精华。始建于公元7世纪，是藏王松赞干布为远嫁吐蕃的唐朝文成公主而建。现占地41万平方米，宫体主楼13层、高115米，全部为石木结构。5座宫顶覆盖镏金铜瓦，金光灿烂，气势雄伟。布达拉宫分为两大部分：红宫和白宫。红宫居于

拉萨的布达拉宫

中央，主要用于宗教事务；白宫位于两翼，是达赖喇嘛生活起居和政治活动的场所。1994年12月初，布达拉宫被列入《世界遗产名录》。

第一章 古代宫殿的起源与发展

第二节
宫殿的雏形——先秦宫殿

西安半坡仰韶文化遗址

在原始社会晚期，母系氏族公社繁荣阶段的聚落中心广场附近都建有体量比较大的房屋，考古学把它叫作"大房子"，是氏族公社时期一种最早出现的公共建筑。在黄河中上游流域，已发现的典型实例是西安半坡仰韶文化遗址。"大房子"为一般住房所环绕，有的在聚落遗迹中发现一座（如半坡），有的发现数座（如姜寨）。在中国，目前已知的遗址除西安附近的半坡、姜寨外，河南洛阳王湾、陕西华县泉护村、陕西西乡李家村等处也都发现有残缺较甚的"大房子"遗址。

我国保持母系氏族残余的纳西族住宅，除去保持婚姻生活的妇女有专门的对偶"客房"之外，其余老人、男女少年和儿童都是和"外祖母"同住在一座公共性的大房子里。根据这些民族学的材料可以推知，原始氏族时期的"大房子"正是体现这一团结互助的原则，除了氏族首领居住之外，同样也是丧失生产能力的和不能独立生活的社会被抚养人口，诸如老人、少年、儿童以及病、残成员的集体宿舍。这些人集中居住，便于照顾。同时，由于这里居住着最受尊敬的氏族首领及老年人，而且建筑空间较大，所以它又是氏族集会议事和举行仪式的场所。因此"大

仰韶文化遗址

房子"成为公社最重要的建筑物。它的建造需要动员全公社的人力、物力。它不仅建筑规模大,而且在工程质量上也是全公社最好的。

半坡"大房子"坐落在聚落的中心广场西侧,入口东向广场。东西长10.5米、南北长10.8米。廊庑的东南、西南两转角处,出现了角楼的萌芽。

原始社会晚期所形成的建筑艺术,在进入文明时代的国家——夏后,首先在宫殿建筑上得到了强化。不但体量、空间向高大发展,而且增加了装饰美化。二里头遗址已发现柱上有红、黑彩绘遗迹,证明当时的木构件上有色彩装饰。

夏代在工程技术方面较原始社会有很大发展,土结构的夯筑技术由于普遍筑城而迅速提高,在宫殿中也被广泛应用。每一组宫殿都是建在很深厚的夯土基座之上的,它预示着未来夯土高台的出现。在原始木骨泥墙的基础上,这时创造出木骨版筑墙。由于它满足了高大宫殿的稳定承重的要求,所以一直被殷商宫殿采用。二里头遗址发现了排水管道,这是目前所知世界上最早的卫生工程设施。陶水管每节长42厘米,一端稍粗,直径14.4厘米;另一端稍细,直径13.5厘米,做承插衔接。看来,陶管的发明还要早一些,已经历了一段发展过程。

二里头夏代宫殿遗址

现知最早的宫殿建筑遗址,是河南偃师二里头夏代宫殿的遗址。此处当时是商汤建都的西亳所在,遗址为一座残高80厘米的夯土台,东西约108米,南北约100米。夯土台上有八开间的殿堂一座,周围回廊环绕,南面辟门,面积约350平方米,柱径40厘米,柱列整齐,前后左右相互对应,故而开间统一,井然有序。基址中部偏北有一块略高的长方形台面,东西长36米,南北宽25米,这里原是一座面阔八间,进深三间,座北朝南的大型殿堂。殿堂正南70米处是宫殿大门,庭院周围还建有廊坊。这座建筑,布局严谨,主次分明,开创了我国宫殿建筑的先河。

二里头夏代宫殿遗址的台基周围擎檐柱遗迹,证明殿堂屋盖是四面坡的所谓"四阿"形式。但是否为两层屋檐的所谓"重屋",目前还不清楚。《考工记》强调商王主要宫殿的特征时说:"殷人重屋",即殷商宫殿是两重屋檐的形式。这就意味着对于前代来说,"重屋"是殷人所特有的。"殷因于夏礼",自然完全可以因袭夏代宫殿建筑的一些成就。殷商许多宫殿遗址的台基周围都发现擎檐柱遗迹,证明屋盖都和夏代宫殿一样,是"四阿"形式。自

第一章 古代宫殿的起源与发展

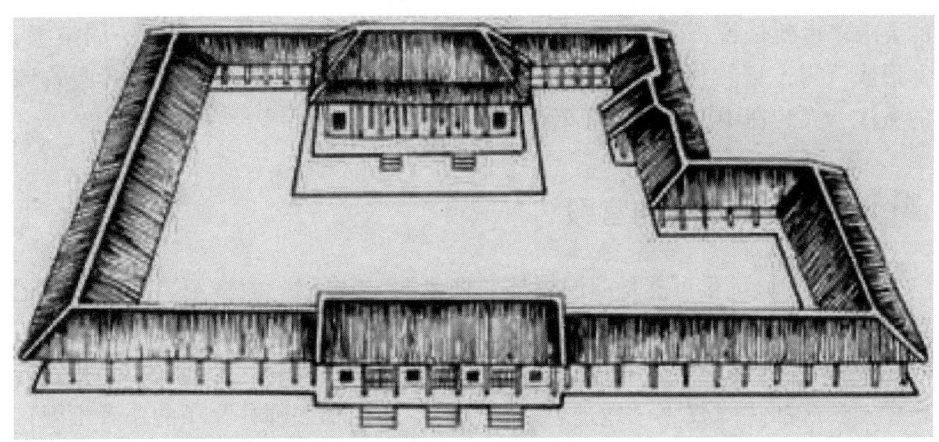

一号遗址复原图

从殷商采用"四阿重屋"——四面坡、两重檐的屋盖，作为宫廷主体殿堂的冠冕以来，它便被奉为至尊式样，为历代统治者所沿用，一直到封建社会的末期——清朝。不仅商王宫殿是这样，有材料说明商代所属的方国统治者诸侯的宫殿也是这样的。偃师"尸乡"商城中的宫殿遗址、河南省安阳市小屯殷墟宫殿遗址以及湖北省黄陂区盘龙城方国宫殿遗址都提供了具体的例证。这些宫殿遗址都没有屋瓦残留，也没有泥背遗迹，正是文献所记载的"茅茨"屋面，而茅草都早已腐朽无存了。四川省成都市十二桥殷商遗址，不仅保存了大量木构件，同时也幸存了茅草屋面的残迹，提供了"茅茨"的直接证据。殷商宫殿残留的夯土台基都没有包砌砖、石，陕西省岐山县凤雏村先周时期（相当于殷晚期）的甲组遗址，夯土台基保存有掺沙三合土面层，这应是商代宫殿夯土台基表面加固的一般做法。遗址完全证明了殷商宫殿和夏代一样，仍然是"茅茨土阶"。文献记载"堂崇三尺"，也就是说殿堂台基的高度是3尺，折合现在的公制约为70厘米。这可根据"尸乡"商城的宫殿遗迹推算得到证实。

　　高大的殿堂，需要加大出檐来保护夯土台基和檐柱、土墙免遭雨淋损坏。出檐的深度与防雨、防晒的保护面成正比；檐口的高度与保护面成反比。对于高大的殿堂来说，出檐必须相应增加才能起到保护作用。出檐加大，即顺屋面坡度延伸檐部，使之达到有效程度，这对于早期直坡屋盖来说，檐部有过于低矮的缺点。这样既有碍于夏季通风和冬季日照；在体形上，又显得屋盖过大、屋身过小，有损于高耸的效果。看来，只有降低檐部才能达到保护的要求。也就是说,殷商时代这些擎檐柱所支承的是低于屋盖的一周披檐,即形成《考工记》所谓的"重屋"。商代初期的宫殿,继承夏代木骨版筑墙的做法;大约在中、晚期,变革为附加壁柱的版筑墙。

郑州商城的宫殿

"尸乡"城址很可能是商汤故都"西亳"。《史记·殷本纪》"正义"记载:商代汤王在建国之初定都"南亳",后迁都到"西亳"。《括地志》说:"宋州谷熟县西南三十五里南亳故城,即南亳,汤都也……河南偃师为西亳,帝喾及汤所都。"《汉书·地理志》记载的"河南郡偃师县"条的作者班固自注:"尸乡,殷汤所都";《水经》记载:"汤都也,亳都帝喾之墟,在禹豫州河、洛之间,今河南偃师城西二十里尸乡亭也。"现在发现商城正是在偃师县西,而且有一条东西横贯城址的"尸乡沟"。当地父老相传沟名"尸乡",正与古籍所载地名相同,但他们不知道是哪两个字。据说,近代沟里发现了一个墓地的石羊,当地有人谐方言音韵,讹称为"石羊沟"。现在沟已埋没不见了,但考古工作者已探查出沟的位置。文献记载的遗址情况表明,正北天气潮湿,3000多年前的殷商时代尤其多雨,所以这里的宫殿台基周围都有很宽的陶片叠置的散水。

1. 郑州商城的台榭残迹

郑州商城属于考古学上的二里岗文化时期,即殷商中期,有的学者认为是商初都城亳,也有学者认为是后来的嚣都遗址。20世纪70年代对郑州商城遗迹的发掘中,发现一处高台建筑残迹。高台建筑在先秦文献里被称为"榭"或"台榭",就是在高台上建筑殿堂的一种形式;同时在高台四周用屋檐保护夯土台壁免遭雨淋,因而外观上看不到土台,像是楼阁一样。推测当时的台榭,只是在一层方台上建筑的宫室,外观体形仿佛"凸"字形楼阁。

郑州商城遗址所发现的这个台榭

仰拍木制牌坊

残迹,中心土台的残留高度有2米多,局部残存着台壁,壁面有壁柱槽,壁柱槽与地面相接处,有柱础石。虽然这座台榭式宫殿被毁严重,但它却证实了殷商时代确已创造出雄伟壮观的高台建筑——台榭。到西周时期,它已成为朝廷的主体殿堂。发展到东周时期,中心夯土台,除了方形之外,还出现了长方形的台;台由一层发展为两层、三层以至多层。在木结构柱、梁框架还不发达的情况下,依靠一个夯土台,在其周围和顶部建造像多层楼阁一样的宏伟建筑,是建筑艺术方面的杰出创造。就结构学来讲,从早期以原始木结构为骨干的土木混合结构,发展到这种以土结构为核心的土木混合结构,也是一个重要的进步。

 2. 殷商宫殿的营造成就

"四阿重屋"的殷商宫殿,比夏代宫殿更加雄伟壮观,建筑装饰也更繁复华丽。从当时的青铜器文饰来看,建筑也应是这样的充满装饰意境。殷商陵墓的棺椁是按照死者生前所住的宫殿装饰的,因此根据椁板上雕刻的花纹和红、黑两色的彩饰,可以推知建筑木构的装饰情况。从二里头遗址得知,夏代宫殿开始在柱上画红、黑两色的图案,这时更进一步在柱、梁等木构件上加以雕刻后再上颜色。文献记载有"殷人宫墙文(纹)画",小屯遗址已发现壁画残迹,证明了当时确实是有壁画装饰的。

小屯遗址揭示,这时的擎檐柱还采用了画着红、黑图案的金光灿灿的青铜柱"质"(垫在柱础上的构件)。这不但改暗础埋柱为明础立柱使柱脚避免腐朽,而且还有很好的装饰效果。郑州商城还出土有门砧铜饰件,说明已开始比较多地使用青铜材料来装饰宫殿。

安阳大司空村和小屯陵墓都曾出土随葬的建筑石刻,有猛兽、猛禽、勇士之类形象的门砧雕刻,其艺术水准相当高。

《墨子》记载,殷商宫殿"堂被锦绣",是可信的。堂是最先使用帷帐的,这取决于堂的开敞空间——前檐无墙壁及门、窗、槅扇之类的装置,后来也只是在两侧各间设栅栏略事拦隔。开始或出于防风御寒的需要,在檐柱间悬挂帷幕,继而形成一项重要的装饰或礼仪性设置。帷帐用极富装饰性的锦绣织物,其悬挂情况类似现代舞台口的大幕,上下起落开闭。帷帐用绶带系起的形式,如同汉画像石所表示的样子。绶带上常缀有玉璧、玉磬等装饰。进一步,堂和室内周围也张挂帷幕来装饰墙壁,即所谓"壁衣"。梁、柱等木

构上,往往也裹上锦绣织物。这一装饰手法可获得富丽堂皇的效果,后世木构所施的油漆彩画以及壁纸、壁挂(壁毯之类)的意匠,即渊源于此。地面所铺的筵席、毡毯之类,也是一种装饰手段。建筑装饰是一种实用美术,它是在实用构件或设备功能的基础上加以美化而发展起来的。

在工程技术方面,小屯遗址发现土墼(预制夯土砌块)残块,从河北藁城建筑遗址知道,版筑墙的顶部有时使用土墼砌筑,这要比版筑施工方便。周原所见为泥坯(泥中掺有谷子壳),规格为43厘米×17厘米×8厘米。其实早在龙山文化晚期就已发明了土墼和泥坯,不过那时还很原始,规格不统一,殷商所见则是成熟的砌块了。在木结构方面,支承屋檐的擎檐柱数量,已开始比夏代减少,直到和檐柱相等,母辛宗就是这样的实例。这预示了承檐结构即将由落地支承向悬挑支承过渡。

 知识链接

世界最著名的十大古代宫殿(二)

6. 托普卡普皇宫

托普卡普皇宫位于博斯普鲁斯海峡与金角湾及马尔马拉海的交汇点上。从15世纪到19世纪,这里一直是奥斯曼帝国的中心,是当年苏丹们办公的地方。托普卡普皇宫豪华至极,宫殿外侧是绿木葱茏的第一庭院,原本是宫廷餐室的第二庭院,现在已成为帝国时代水晶制品、银器以及中国陶瓷器的藏馆。左侧是苏丹的后宫,这里曾是种种阴谋的酝酿之所。

7. 莱尼姆宫

莱尼姆宫位于英国的牛津郡。宫殿四角建有方形的塔楼,中轴线上的门廊和大厅则高高隆起,这样就形成高低错落的天际线。宫殿四角的塔楼带有巴洛克风格的豪放,中央古典式的科林斯柱廊则严谨整饬,二者形成鲜明对比。宫殿高耸的角楼和楼顶上的小尖塔,门廊上方三角壁上的浮雕和屋顶栏杆上的雕像,共同营造出一种浪漫而神秘的气氛。如今这座杰出的宫殿建筑已列入联合国世界文化遗产名单。

8. 贝勒伊宫

贝勒伊宫位于伊斯坦布尔博斯普鲁斯海峡的亚洲沿岸，是19世纪苏丹阿布都拉兹用白色大理石为原料建造的一座充满着玉兰花、庭院如梦境般的宫殿。过去这里是苏丹的夏日别墅和外国贵宾的招待所。贝勒伊宫集一系列楼阁与清真寺为一体，其中最宏伟雅致的"夏垒"是苏丹们生活、娱乐的地方，可谓奢侈至极，庭院里有来自全世界的奇花异木。

9. 卢浮宫

卢浮宫位于法国巴黎，是一座举世闻名的艺术宫殿。它始建于12世纪末，当时是用作防御目的，后来经过一系列的扩建和修缮逐渐成为一个金碧辉煌的王宫。从16世纪起，弗朗索瓦一世开始大规模地收藏各种艺术品，以后各代皇帝延续了这个传统，充实了卢浮宫的收藏。如今卢浮宫已成为一座艺术博物馆，其中收藏的艺术品已达40万件，其中包括雕塑、绘画、美术工艺及古代东方、古代埃及和古希腊、罗马等7个门类。1981年，法国政府对这座精美的建筑进行了大规模的整修，从此卢浮宫成了专业博物馆。值得一提的是卢浮宫正门入口处有一座透明的金字塔建筑，它的设计者就是著名的美籍华人建筑师贝聿铭。

卢浮宫博物馆

10. 白宫

白宫是美国总统府的所在地，坐落在首都华盛顿中心区宾夕法尼亚大街1600号。这是一栋别具匠心的建筑，建于1792年，于1800年竣工。白宫是根据18世纪末英国乡间别墅风格设计的，全部采用石灰石建成，外涂白色油漆，故称"白宫"。

西周早期的祖庙

西周早期,在陕西岐山一带建立都邑,今天亦有宫殿的遗址发现。如凤雏的西周宫室遗址,已明显为对称布局,由两进院落组成,中轴线上依次为影壁、大门、前堂、后室,前堂与后室之间用廊联结,呈"工"字形平面,门、堂、室的两侧为通长的厢房,将庭院围成封闭空间,两进院落四周有檐廊环绕,虽规模不大,却是迄今所知最早的四合院实例。而房屋基址下设有排水陶管和卵石叠筑的暗沟,屋顶用瓦和半瓦当,更可见实用功能的日趋合理。

凤雏甲组建筑是目前所知最早的"一颗印"式四合院,可以看出它与二里头夏代宫廷建筑以及"尸乡"商城的宫廷建筑的传承和发展关系。从二里头 F1、F2 到凤雏甲组,发展的途径是:环绕中庭的周围廊庑与中央殿堂连接,从而形成前、后两进庭院。这一新的组合,出现了新的空间关系,因而各部分有了新的名称。整组建筑对照后来的文献所记载的名称,从前到后的情况如下:

门前有影壁——"树"。按照周代礼制规定,只有邦君的建筑才有资格用"树"来遮挡大门,等级限制是很严格的。东周时期"礼崩乐坏",往往发生僭越行为。孔子曾批评齐国重臣管仲的宅邸门前建影壁,说:"邦君树塞门,管氏亦树塞门。管氏而知礼,孰不知礼?"意思是说:邦君在门前建影壁,姓管的也在门前建影壁,如果姓管的懂得礼法的话,就没有不懂礼法的人了!老夫子的义愤之情,溢于言表。这里门前有"树",说明周礼"树塞门"是继承殷人的制度。结合附近出土的铜器有"邦君"字样的铭文,可以证明这座建筑为"邦君"所有。

门与树之间的场地叫作"宁";门道叫作"隧";道两侧房间称"塾"。门内院落称为"中庭",因地处堂前,也叫"堂涂"。

正殿前檐开敞,称作"堂"。

周代宫殿制度

中国的宫殿建筑从夏代"朝""寝"寓于一栋建筑之中的"世室",经过殷商的"朝""寝"分离,发展到周代,无论是"朝"还是"寝"都已形成

第一章 古代宫殿的起源与发展

一个组群。不仅宫殿规模扩大，而且建筑体形和空间组织也都更加繁复。西周是奴隶制王朝的鼎盛时期，礼制已相当健全，宫殿同样也予以制度化、规范化。归纳起来，整个宫城有所谓"三朝""五门""三寝"或"六寝""六宫"的内容。周代宫廷建筑的"前朝后寝"已经比较复杂。"前朝"可分三部分，即所谓"三朝"——"外朝""治朝""燕（也就是'宴'）朝"。这就是《周礼》说的："天子、诸侯皆三朝。"外朝就是后来所说的"前殿"或"正殿"，周天子的宫廷前殿是"明堂"。它是举行新君登基、凯旋献俘等重大典礼、重要议事及狱讼使用的殿堂，殿前有"大廷（庭）"。

治朝和燕朝都属于内朝。治朝是国君日常和大臣们治事的地方，所以也称为"日朝"或"常朝"。燕朝是"前朝"最后一组宫殿，它用于举行册命和喜庆典礼以及国君与近臣、宗族议事或宴饮等聚会，也用于平时听政及礼宾活动。

燕朝之后，就是"后寝"部分了。《公羊传》说："天子、诸侯皆三寝：一曰高寝，二曰路寝，三曰小寝。"古籍或说为"六寝"：一种解释说"路寝一，燕寝六"；另一说为"路寝一，燕寝五"。"六寝"之后为"六宫"。路寝是国君的"大寝"或者说是"正寝"。《礼记·玉藻》说："君，日出而视之，退适路寝听政。"它的功能是国君退朝后处理政务和生活起居之用；基本形制也是"前堂后室"，并有许多旁（厢）、夹之类以及其他饮食供应等附属建筑，不过是以台榭式宫殿为主的一组复杂的建筑组合体就是了。其他的各"寝"和各"宫"，也都是相对独立的建筑组合体，这些都是后、嫔等人的住处。

宫殿位于都城的中轴线上，从南到北为"天子五门""诸侯三门"。天子五门是：皋门、库门、雉门、应门、路门；诸侯三门是：库门、雉门、路门。

周代所奠定的"三朝五门""六寝六宫"的宫城制度，成为后世宫殿的基本布局。此后历代的宫殿都是参照这一基本布局，再根据自己的具体情况变通规划而设计的。

周王的宫廷前殿——"明堂"

约在公元前 1130 年，周文王姬昌由周原迁至今西安沣水西岸，建造城邑，命名为"丰"，作为国都，建立了周王朝，就是后人所说的"西周"。公

元前1027年，武王姬发在沣水东岸建新都"镐"。丰、镐二京的王城和宫殿遗址，至今还没有明确的发现，但是自20世纪50年代以来，这一带却不断发现夯土台基残迹。史籍记载，周王宫廷前殿叫作"明堂"，是"台榭"形制。周人早在周原的时候，就已经学会制造和使用屋瓦了。所以周王朝建国之初的丰、镐两京宫殿，都是瓦屋顶。沣水两岸原来是周王城址一带，曾出土周瓦，从而证实了这一点。

周明堂是殷商台榭的直接继承和发展。明堂这座高台建筑（台榭）由于采用了瓦屋顶，要比殷商茅茨屋面的台榭高级得多了。西周时期业已成熟的明堂平面是方形，以夯土台为核心，四周依台建有堂、室，台顶上再建一个大殿，叫作"太室"。古时"太""大"是一个字，读"带"音。中央土台叫作"墉"，当"天圆地方"。周天子与天地相通，代表天地神明在明堂里布政和教化臣民。所以说这座建筑是十分神圣的、充满哲学意味的和经典的不朽之作。3000多年来，历史上各代都有专门从事明堂研究的学者，直到今天，更有世界各国的学者为之钻研不懈，甚至献出毕生的精力。

 知识链接

"周原"遗址

目前还不掌握殷、周王室祖庙的实际材料，但位于古代"周原"的殷晚期周人（从属于殷）所遗留的凤雏甲组基址，却提供了当时王室宗庙具体而微的例证。凤雏甲组是当时"邦君"的祖庙，邦君是方国的国君，也就是诸侯，他的祖庙规模虽不及殷、周王室祖庙那么大，但在形制上却是相似的。

岐山之下的"周原"，位于现今陕西省岐山、扶风两县境内。公元前12世纪，"古公亶父"（周太王）率领周人从西部的黄河上游流域东迁到这里。周人把周原建设成为一个重要的发展基地。这里土地肥沃、物产丰富，周人定居后，得到极大的发展，以致足以和殷人对抗，东进中原伐殷，最终取而代之，建立了强大的周王朝。周原地区的岐山、扶风两县，至今还

第一章 古代宫殿的起源与发展

有不少当年的文化遗存。"乃召司空，乃召司徒，俾立室家。其绳则直，缩版以载，作庙翼翼。"《诗·大雅·绵》描写的正是周人迁到周原以后，大兴土木，建设祖庙、宫殿以及城邑的热烈情景，正是说的这里。在岐山县凤雏村所发现的甲组遗址，便是当时周人方国祖庙的实证。

东周列国的宫殿建筑

公元前770年，周平王将国都由关中东迁洛阳，从而进入历史上所说的"东周"时期。此时，周王的朝廷势力日渐衰微，各诸侯的势力日益壮大，往往不受国王的约束、不按礼制的规定行事，甚至以独立王国自居，称王称霸。诸侯们为发展自己的势力，互相征伐，战争连年不断。东周前期，因孔子著有史书《春秋》，所以后人把这个时期叫作"春秋时期"；后半期，列国兼并战争剧烈，所以《史记》以周元王元年（公元前475年）开始，称为"战国时期"。据《左传》记载，春秋时期诸侯国共有140多个，其中重要的有齐、晋、楚、秦、鲁、郑、宋、卫、陈、蔡、吴、越等。战国时期，兼并战争的结果，许多小国不存在了，原来周王室分封的诸侯国数量减少很多。当时最为强大的诸侯纷纷称"王"，最强盛的"王国"有秦、楚、韩、赵、魏、燕、齐七国，这便是历史上所称的"战国七雄"。

西周时期的城市是为周天子和诸侯服务的政治、经济、军事中心，都筑有防御城池。城中的手工业主要是为统治者服务的，商业还没有发展起来，所以城市规模都比较小。为经济生活服务的城市，是从春秋末期到战国中期随着土地私有制的确立和手工业、商业的发展而出现的。这时城市日趋繁荣，规模日益扩大。各国的都城建设发展更快，当然首先是宫殿的建设。东周列国的统治者互相攀比、追逐享乐，以"高台榭、美宫室，以鸣得意"。晋灵公造九层之台，工程浩大，尽管投入了大量的人力、物力，可是3年还没有完工。楚国所筑章华台也是很高的，建好以后，楚王登台，中途休息了3次才到达台顶的宫殿。吴王夫差造了300丈高的姑苏台，上有馆娃宫、春宵宫、海灵馆，层层廊庑环绕，壮丽非凡。台榭越建越高大，以致魏襄王妄想建造

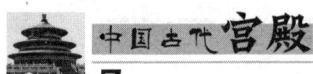

一座高达"天高之半"的"中天台"。

东周列国的台榭式宫殿遗址,现在还有一部分被保存了下来。它们已经都是一些大大小小的土丘了,主要的有:1. 河北省易县燕国"下都"城址内,遗存有大、小高台遗址30多处,分别称为"武阳台""老姥台""路家台"等。武阳台位于内城北部中央,土丘现状为130～140米见方,残高约10米。老姥台在武阳台北,长95米。2. 河北省邯郸市的赵国国都邯郸城址内,还保留有遗址10多处。古城中轴线上有4个土台,南北排列,南面的台最大,长288米、宽221米、残高13.8米。3. 山东省临淄市的齐国首都临淄城址内,中部偏西有"桓公台",东西65米、南北72米、残高约16米。4. 山西侯马市晋国都城遗址中,也残存高台宫殿遗迹6～7处。5. 陕西省咸阳市秦时称为"北坂"的北塬上,遗存许多战国时期的咸阳宫台榭遗址。6. 河北省平山县有中山国王陵台榭式享堂遗址(已发掘,并进行了科学复原)。7. 河南省辉县固围村有魏国王陵并列三座台榭式享堂遗址(已发掘)。除去以上的"高台榭"之外,也还有"美宫室"的遗存。

知识链接

邯郸赵王城和秦咸阳宫殿遗址

邯郸赵王城遗址,发现夯土台十余座,应为赵王宫室基址。陕西咸阳市东郊,则发现一座纵60米、横45米的夯土台,高6米,为秦咸阳宫殿之一,台上建筑物由殿堂、过厅、居室、浴室、回廊、仓库、地窖组成,高下错落,复杂而又有序,令人缅想它的壮观伟岸。其中殿堂为两层,寝室、居室、浴室中有火炕、壁炉用以取暖;地窖深13～17米,用以冷藏食物;排水系统则用陶质的漏斗和管道。总体以夯土为中心,周围用空间较小的木架建筑环包,上下层叠两三层,形成一组复杂的建筑群,显示了当时在木架结构不发达的条件下建造大体量宫殿建筑所达到的技术水平。

春秋时期的秦都雍城宫殿

秦襄公护送周平王东迁有功而被列为诸侯，于德公元年在今陕西省凤翔县建造都城——雍。经考古探查，城为不规则方形，已探出的西垣长约3200米，从南垣东南隅残段判断，南垣长约3300米。同时探得宫殿建筑遗址数处，其中考古发掘编号为"马家庄3号建筑遗址"最大，也最完整。

这一遗址偏居都城西部，距西城垣仅600多米。其西侧200多米处有姚家岗（当地俗呼"二殿台"）高级建筑遗址，在此岗的东南部分曾先后发现三窖64件宫殿铜饰件——金红，可知这一带的建筑为王室宫殿规格。其东500米有马家庄1号址，其中有许多祭祀遗迹，而被推断为宗庙。马家庄3号遗址与楚都中轴线上的宫殿群相比较，规模要小得多，显然它不是主要的宫殿。秦是"春秋五霸"之一，其宫殿之豪奢是有名的，当年戎使由余看雍城宫殿惊叹不已。文献记载是"横木龙蛇，立木鸟兽"，这可从东周陵墓出土的家具和乐器架的雕饰情况得到了解。奴隶主的陵墓是模拟生前居住的宫殿修建的，殷墓椁板上的施彩木雕，便是宫殿装饰的写照。安阳出土的椁板雕刻题材，已发现的有虎或饕餮等象征威严的图案，色彩主要为红、白、黑三色。到东周时期木雕更加精致，色彩更加丰富了。

据文献记载，周代宫殿椽头饰有玉当，门、窗、梁、柱之类的木构件也镶嵌有玉、蚌、骨、牙材料的雕饰。周原凤雏建筑遗址的前檐一线，出土大量这类饰件，从而得到了证明。

建筑装饰是一种实用美术，它是在实用构件或设备的功能基础上加以美化而发展起来的。奴隶们在营造宫殿的实践中所积累的种种建筑装饰经验，为建筑艺术的发展做出了宝贵的贡献。建筑艺术方面的成就，主要是继承表现结构、美化结构的优秀传统，处理部件、构件的造型；其次是结合保护与加固土、木材料，而附加美丽的表面装饰。

凤翔马家庄3号遗址

第三节
秦汉六朝时期的宫殿

大秦帝国的宫殿群落

公元前221年秦灭六国，建立了空前统一的国家。在历史上第一次真正实现了"普天之下，莫非王土；率土之滨，莫非王臣"的理想。秦王嬴政按传说中的"三皇""五帝"的至尊称号，把一国之君定名为"皇帝"，他自己为"始皇帝"，子孙世袭传承，则称"二世""三世"，以至"万世"；并且制定了一套尊君抑臣的朝廷仪礼。秦始皇帝废除了周代分封诸侯的制度，而建立确保中央集权的郡县制。

战国中期，秦孝公十二年（公元前350年）自雍迁都咸阳，当时咸阳宫殿南临渭水，北至泾水；到秦孝文王时（公元前250年），宫馆阁道相连30余里。秦始皇时期在宫廷建设方面，早在建立统一大帝国之前，"每破诸侯，写放（仿）其宫室，作之咸阳北坂上。南临渭，自雍门以东，至泾、渭，殿屋、复道、周阁相属"（《史记·秦本纪》）。灭六国后，又役使"徒刑者"70多万人在渭河以南建造大量宫殿和骊山陵园。秦代的劳动匠师们，面临如何体现空前统一帝国的气魄和面貌的严峻课题，他们做出了杰出的创造。在都城与宫殿的建设中，本着传统的天、地、人一体的观念，模仿天体来安排天子的驻地和住所。实际上形成了着眼于山川地貌的大环境，利用自然形胜来增助人工建筑的气势。这种把人为环境与自然环境统一起来考虑的规划设计，正符合现代科学的"环境设计"概念。远在2000多年以前，我们的劳动先民取得这样的成就，可以说是世界建筑史上的一个奇迹。

首先是大咸阳规划。由于国势发展、首都人口增加，加上灭六国后的"徙天下豪富于咸阳十二万户"，因此秦始皇决定扩建国都，向渭河以南发展。

第一章 古代宫殿的起源与发展

京畿离宫着眼于"八百里秦川",在关中大地东西800里、南北400里的范围内,"离宫别馆弥山跨谷,辇道相属;木衣绨绣,土被朱紫"(《三辅黄图》)。新朝宫的规划也拉大尺度,按照天体星宿进行安排,向南延伸咸阳城中轴线。在秦始皇即位的第二年,便在渭水以南建"信宫",作为外朝;随后改信宫为"极庙",以象征天极。从极庙开辟大道,通骊山北麓温泉宫,又建甘泉宫前殿,筑甬道通咸阳。扩建北坂上的咸阳宫,"端门四达,以制紫宫,象帝居。渭水贯都,以象天汉;横桥南渡,以法牵牛"(《三辅黄图》)。在秦始皇三十五年(公元前212年),也就是他临死前两年,他"以为咸阳人多,先王之宫廷小",遂决定在渭河以南的上林苑中建设新朝宫。"先作前殿'阿房',东西五百步,南北五十丈,上可以坐万人,下可以建五丈旗。周驰为阁道,自殿下直抵南山;表南山之巅以为阙。为复道,自阿房渡渭,属之咸阳,以象天极阁道绝汉抵营室也。"新建的规模宏大的新朝宫,其前殿叫"阿房",后来人们就以"阿房宫"来称呼新朝宫了。看来,当时这座建设中的朝宫尚未命名,把前殿叫"阿房",意思是"规模巨大的房子",它似乎只是一个工程代号。唐代诗人杜牧作《阿房宫赋》,描写说:"覆压三百余里,隔离天日。五步一楼,十步一阁,廊腰缦回,檐牙高啄,各抱地势,钩心斗角。……长桥卧波,未云何龙?复道行空,不霁何虹?高低冥迷,不知西东……"这虽属文学夸张的描写,但从现已发现的宫殿遗址来看,确是分布很广、很多的,而且大多是有长长的阁道相互连接。《阿房宫赋》忠实地反映了秦帝国朝宫的建筑艺术面貌。这种人为环境与自然环境相统一的规划设计,是极其宝贵的遗产。

这座庞大的新朝宫遗址位于今西安市以西13公里处的古滉河西岸,西至

阿房宫复原图

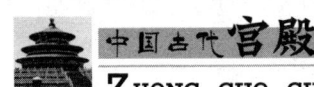

古流滴河，南接西周国都丰、镐故址，北到渭河，与秦都城的咸阳宫隔岸相望。遗址主要散布在龙首原向西南延伸的台地上，地面仍然可见巨型夯土台——墉，部分夯土基址为农田或民居所叠压。这一遗址范围内，已查出13处比较完整的夯土基址和5处残破的基址，总面积有61万多平方米。其中最大的朝宫前殿"阿房"和传说为秦始皇"望想台"的俗称"上天台"的遗址，已探出原来夯土台的范围。

"上天台"遗址在"阿房"遗址以东400米，现存高度为14.98米，现状呈不规则圆形，周长230.4米。其周围东西400米、南北110米的范围内，分布着15820平方米的夯土基址。

在长安县纪杨寨以南、王寺以西的台地上，发现4处较完整的夯土基址，其中12号宫殿基址呈"凸"字形，东西265米、南北40米，是保存最好的一座。新朝宫的前殿——"阿房"。前殿阿房的土台经考古勘查，实际范围是东西1320米、南北420米，残高在现地面以上7~9米。殿前（南）广场现存范围是：长770米、宽50米，广场南沿有4条甬路向南延伸。前殿中轴线直抵终南山对峙丽峰之间，两峰上各立一阙。中轴线向北，建阁道跨渭河与咸阳北坂宫殿相连。

这座前殿是层层叠叠周阁环绕的庞大台榭，南面有四条阶道——陛，是上台的阶梯。两侧和后面也都有阶道和辇道，不但可以人行，而且车马也可以上台。台上面积之大是惊人的，自北宋沦为农田至近代，台上除了耕地，甚至还有4个村子！台上中间是"可以坐万人"的前殿主体殿堂，推测通面阔大概有200米、通进深大概也在50米。主殿左右还有许多配殿，后面还有供休息起居的寝殿之类。

知识链接

东海疆的"国门"——"碣石宫"

在东海国土尽端设置的礼仪性、纪念性的碣石宫，同样是一个人工环境与自然环境相融合的大环境设计。如同新朝宫"表南山之巅以为阙"，碣

石宫是表东海碣石以为阙。新朝宫的范围是从骊山直走咸阳,"覆压三百余里,隔离天日。骊山北构而西折,直走咸阳。二川溶溶,庪入宫墙。五步一楼,十步一阁,廊腰缦回,檐牙高啄;各抱地势,钩心斗角。"(《阿房宫赋》),这虽是文学夸张之词,但考古材料证明确实是宫观相望、连绵不断的。东海之滨的碣石宫,目前所知的大致范围是:自河北省秦皇岛市北戴河区的金山嘴、横山遗址,直至辽宁省锦西市绥中县黑山头、墙子里和止锚湾红石砬子遗址,覆压不下40公里,这应是碣石宫一体工程,亦即碣石宫的总体概念。

在秦以前,东周列国虽同在广袤的大地上,却是各有其不可逾越的疆界。秦统一后,直至东海尽端的所有土地,都是秦国的一统天下了。始皇帝巡视国土直至东海之滨,勒石刻铭莫不宣扬这种空前统一的思想意识。碣石宫的建置正是统一大帝国的象征。汉武帝承袭、巩固和发展中华统一大业,继续经营碣石宫。遗留至今的碣石宫遗址,仍不失其作为我们多民族统一国家的纪念丰碑。

威严壮观的西汉宫殿

公元前206年,西楚霸王项羽兵破函谷关,屠咸阳城,烧秦国宫殿,火三月不熄。后来刘邦战败项羽,迫使项羽乌江自刎。公元前202年,刘邦称帝,建立了汉朝,他便是史称的"汉高祖"。汉初,刘邦暂住秦旧都栎阳城(今陕西临潼武屯镇一带)。高祖七年(公元前200年),丞相萧何在秦兴乐宫废墟上建成长乐宫;同年在其西侧创建了未央宫。

未央宫的第一期工程,包括东阙、北阙、前殿以及武库、太仓。竣工后汉高祖刘邦来视察,见宫阙规模巨大,排场铺张,很是生气,训斥萧何说:现在天下大乱,打了好几年仗还不知道能不能得到天下,为什么把宫殿造得这么铺张?萧何说:"天下方未定,故可因遂就宫室,且夫天子以四海为家,非壮丽无以重威,且无令后世有以加也。"意思是:"天下大局就要定了,所

以要就势造宫殿,四海之内都是你天子的家业,宫殿不搞这么大气魄,不这么华丽,怎么能表现出这种威风来?而且还得让后代没法超过才行!"刘邦听了便高兴起来。从此由栎阳迁居长安。

的确,建筑环境对于人们的精神是有着巨大的感染作用的,壮丽的宫殿环境才能烘托出宫廷礼仪的威慑力量。班固在《汉书·礼乐志》中记载,汉高祖刘邦即位之初,"拨乱反正,日不暇给,犹命叔孙通制礼仪以正君臣之位。"皇帝按照朝仪赐宴群臣,诸侯王以下莫不震恐,再没有人敢失礼了。刘邦感慨地说:"我今天真体会到了当皇上的尊贵呵!"

 1. 长乐宫(东宫)

长乐宫在长安城的东南部,原为秦的离宫,被项羽焚毁后,汉初就在该宫址建成长乐宫。这也是一座"前朝后寝"的宫城,汉初皇帝在此视朝和居住。惠帝以后改为太后的住所。宫城范围近方形而略有凹凸,不太规则。围墙长度在万米以上,面积约6平方公里。四面各设一门,当时称"司马门"。东、西司马门各有东、西阙。宫中主要建筑有:前殿、临华殿、长信宫、长秋殿、永寿殿、神仙殿、永昌殿和钟室,等等。

 2. 未央宫(西宫)

未央宫在长安城的西南隅,相对东面的长乐宫("东宫")来说,当时又称"西宫"。初建宫时还没有筑城,汉惠帝元年(公元前194年)开始筑城。未央宫的建造,是先建东、北两面的司马门和阙以及作为宫城主体的前殿,陆续又增建天禄阁、麒麟阁、石渠阁等。在未央宫开工时,就在东墙外建造储备兵器的武库和储存粮食的太仓。惠帝时,建有藏冰的凌室。

 东汉洛阳的宫殿

两汉被王莽篡位,改国号叫"新",公元25年后被汉宗室刘秀推翻,又恢复了汉家的天下。刘秀即皇帝位,史称"光武帝",他迁都至洛阳,开始了"东汉"时期。

东汉初期洛阳的宫殿,还是按"面朝后市"的古制,布置在城内的南部,后来称作"南宫";明帝时(公元58~75年)造了北宫,它与南宫之间有洛

第一章 古代宫殿的起源与发展

水横亘。南、北宫之间"相距七里,中央作大屋,复道三行;天子从中道,从官夹左右,十步一卫"(《汉官典职》)。北宫为大朝,正殿叫作"德阳殿"。北宫后面是宫廷园林——"濯龙苑"。南郊分别设立明堂、辟雍和灵台。北郊有奉祀山川神祇的"方坛"。

东汉洛阳的宫殿建筑,分南北二宫,以阁道相通。据史籍记载,

东汉南北宫复原效果图

以北宫正殿德阳殿最为详尽。德阳殿南北7丈,东西37.4丈,周旋容万人,陛高2丈,皆文石作坛,激沼水于殿下,画屋朱梁,玉阶金柱,刻镂繁缛,厕以翡翠,一柱一带韬以赤练,于宫外21.5千米处的偃师远望朱雀五阙,德阳其上,巍峨与天相接。但其座基高仅4.5米,其实际的规模气魄,显然是难与西汉长安宫阙相提并论了。至初平元年(190年),董卓变乱,山阳西迁,尽焚洛阳宫庙及人家,火三日而不灭,京都遂成废墟。

东汉是中国科技史上的重要时期,建筑也发生了重大的变化,作为当时最高建筑水平的宫殿,表现得最为明显。由于木结构技术的发展,梁柱构架的稳定性提高,促使原来以土结构为核心的土木混合结构向以木结构为骨干的土木混合结构转化,最终舍弃了大夯土台(墉),而直接在地面上建造宫殿群。也就是说,从东汉开始,宫殿基本上都是低矮的台基,空间体量也减小了。

西汉都城长安,是先建宫殿后建城墙而形成的城市,是缺乏统一规划的。城市中除长乐、未央等几座宫城外,所剩地方不多,大部分城市居民是在城外居住。东汉首都洛阳是在周代洛邑故城基础上扩建而成的,南、北二宫在城市中间,东西两侧布置东、西两市和市民居住区——里、闾,在城市机能上要合理得多。

魏晋南北朝的宫殿

东汉末年地方割据势力兴起,演化成魏、蜀、吴三国鼎立的局面。公元263年魏灭蜀;两年后司马氏篡魏,建立晋朝。280年晋灭吴,结束了分裂局面,史称"西晋"。由于多年战乱,中原地荒人稀,西晋朝廷为了恢复生产,

铜雀台（电影剧照）

允许塞外从事游牧的少数民族移居中原经营农业。于是庄园经济和豪强势力得到发展，促成了拥有特权的门阀士族和皇室相抗衡。于是公元300年爆发了"八王之乱"；继之，匈奴、鲜卑、羯、氐、羌5个少数民族的豪酋混战，先后建立了十六国政权，迫使北方、中原汉士族和部分平民百姓南迁至长江下游。司马氏的晋政权也于公元317年南迁，史称"东晋"。经历了103年之后，相继被宋、齐、梁、陈4个汉族政权取代，延续了169年，史称"南朝"。在北方，5个少数民族中的鲜卑族拓跋部的北魏势力最强大，于公元386年统一了黄河流域，即史称的"北朝"，这便形成了南北朝对峙的局面。北魏政权推行汉化政策，任用汉人，发展经济，呈现出一时的安定与繁荣。后来统治阶级内部分裂，形成东魏和西魏；随后又分别被北齐和北周取代。东汉末至南北朝的混乱局面，历时369年。从三国到南北朝这300多年间，可以说是宫殿建设史上的一个低潮，但宫殿建筑仍然有一些演变和发展。

在这一时期，比较重要的宫殿建筑活动，有曹操在邺城所治的铜雀台、金凤台、冰井台，各高十数丈，屋一百数十间，阁道相通，崇举若山，犹承汉宫遗风。至魏文帝受汉禅，营洛阳宫，初居北宫，以建始殿朝群臣；明帝起昭阳太极殿，筑总章观，又治许昌宫，起福景承光殿，为三国时宫殿营造工程之最。晋初承魏，宫殿少有损益；晋室南迁，更为简陋。成帝时苏硕攻台城，焚太极殿，东堂秘阁殆尽，乃以建平园为宫，翌年始造新宫，缮苑城，孝武帝改作新宫，用内外军人6000人营筑。太极殿高8丈，长27丈，广10丈，立精舍于殿内，引诸沙门以居之，无复王者气象。此外如石勒于襄国

第一章 古代宫殿的起源与发展

（今河北邢台县）拟洛阳之太极殿起造建德殿、立桑梓苑，造明堂、辟雍、灵台于城西，又令少府任汪等监营邺（今河南临漳县）宫，石勒亲授规模。至石虎自立，又于邺城起台观四十余所，仿洛阳、长安宫室，发40多万人修筑；所筑凤阳门高25丈，上6层，反宇向阳，距邺城七八里可遥望之。又于襄国起太武殿，基高2.8丈，以文石砌之，下穿伏室，置卫士500人于其中，漆瓦金铛，银楹金柱，珠帘玉壁，穷极伎巧；其窗户婉转，画作云气，以五色编蒲心荐席，悬大绶于梁柱，系玉璧于绶。金华殿后为皇后的浴室，三门徘徊反宇，能隐形，雕采刻镂灿丽，沟水注浴池，上作石室，临池置石床，布置介于现代浴室与室内游泳池之间。石虎又崇饰三台，甚于魏晋，铜爵台上起五层楼阁，离地37丈，楼巅高1.5丈，舒翼飞檐；南则金凤台，北则冰井台；三台相面，各有正殿并殿屋百余间，相去各30丈，上作阁道如浮桥，连之以金屈戌，画以云气龙虎之势，施则三台相通，废则中央悬绝，于建筑中施以机械设备，虽技术胜于前代，但气魄却谈不上伟岸了。石氏僭权仅30余年，宫室营之侈，冠于当世。

南朝宋、齐、梁、陈均建都于建康，宋武帝尚俭约，因晋之旧，无所改作。文帝新作东宫。孝武帝稍事奢广，更造正光、玉烛、紫极诸殿，极尽奢华；又起明堂于国学南；为先蚕（古代传说始教民育蚕之神）设兆域，置大殿七间；辟驰道，自阊阖至于朱雀门，又自承明至玄武门：置凌室于覆舟山，修藏冰之礼。齐代宫苑之侈，以南朝齐的第六代皇帝萧宝卷（483—501年）为最，永元三年（501年），后宫失火，烧毁墙仪、曜灵等十余殿及柏寝，北至华林，西至秘阁，三千余间皆尽，于是大起诸殿，又为潘妃营造神仙、永寿、玉寿三殿，皆饰以金璧。《南史·齐本纪》谓："造殿未施梁桷，便于地画之，唯须宏丽，不知精密，又凿金为莲花以贴地，涂壁皆以麝香，锦幔珠帘，穷极绮丽……剔取诸寺佛刹殿藻井仙人骑兽以充足之，又以阅武堂为芳乐苑，山石皆涂以彩色，跨池水立紫阁诸楼。"梁时武帝作东宫，立神龙仁兽阙于端门大司马门外，宫城门三重楼；又作太极殿13间，太庙增基9尺。普通二年（521年）琬琰殿失火，延烧后宫屋室3000间，但已无力恢复重建了。陈武帝以侯景之平，太极殿被焚，加以重建；天嘉中（560—565年）更盛修宫室，起显德等五殿，颇为壮丽；后主至德二年（584年），于光熙殿前营造临春、结绮、望仙三阁，各高数十丈，并数十间，窗牖壁带悬楣栏槛之类，皆以沉檀香为之，饰以金玉，间以珠翠，外施珠帘，内设宝帐宝床，每微风暂至，香闻数里。

拓跋魏的宫室营造，至道武帝迁都平城（今山西大同），始有正规的规

模；太武帝截平城之西为宫城，四角起楼立墙，门不施屋，城又无堑，所居云母等三殿，皆立重屋，殿西铠仗库，殿北布绢库，各数十间；太子宫在城东，四门瓦屋，四角起楼；妃妾皆住土屋，都是比较简陋的，一种粗豪淳朴之风，迥非中华威仪。但正殿稍事雕饰，施流苏、金博山、龙凤，朱漆画屏风，织成幌坐，前设金香炉、琉璃钵、金碗。孝文帝倾心汉族文化，于太和十九年（495年）建成金埔宫，六宫及文武尽迁洛阳，魏之宫观遂脱去胡俗；宣武帝景明中（500—503年）进而大兴土木，发畿内民夫5.5万人筑京师323坊，又营造明堂、圆丘、太庙，修缮国学、苑囿。

魏分东、西后，东魏孝静帝迁邺，于天平二年（535年）发众7.6万人营新宫，兴和元年（539年）又发畿内民夫10万人，新宫始告竣工。齐既篡魏，复起宣光、建始、嘉福、仁寿、金华诸殿，又发匠丁30余万营三台，在其旧基上加以高博。至天保九年（558年）三台成，改铜雀为金凤，金虎为圣应，冰井为崇光；武成帝施三台为佛寺；后主复增益宫苑，造偃武修文台，又于嫔嫱诸院中起镜殿、宝殿、玳瑁殿，丹青雕刻，妙极当时，于晋阳起大明殿，华丽逾于邺下。

西魏都长安，无所营缮。宇文周受禅，至武帝犹摒去侈华，宫殿之华绮者皆撤毁之，改为土阶数尺；但到了宣帝又极丽穷奢，以窦炽为京洛营作大临，宫苑制度，一变而为宏规巨模，《周书·本纪》称其"所居宫殿帏帐，皆饰以金玉珠宝，光华炫耀"；《樊叔略传》则以为"壮丽逾于汉魏远矣"。但这类以奢华绮丽为尚的宫殿，大都不足以表征国运长久的重威，反而成为亡国的先兆。

知识链接

三国曹魏邺都宫殿的"东、西堂"制度

三国时期连年战乱，政局不稳，各国所建宫殿都未作长久打算，规模远不如秦、汉。这时的宫殿不但建筑规模缩小，而且形制也有较大的变化，

第一章 古代宫殿的起源与发展

极少采用费工、费时的高台榭式样,而是把原来建在大台上的殿堂建筑,直接建在平地上。从曹操的"魏王城"——邺城来看,朝廷建筑群规划将大朝、常朝和苑囿改为东西并列的布局,形成东、西堂制度。早在西汉时,长安城中未央宫前殿的庞大治朝宫殿,大朝使用它的中间,常朝使用其内部的"东厢",这可以说是东、西堂布置的萌发。

邺城在今河南省安阳市东北,北临漳河。城市规模不大,东西7里,南北5里,有7座城门。用东西向的大道将城市横隔为南北两个部分,北部为宫殿区,南部为居民区。宫殿区的大朝正殿在城市南北主轴线上,它的东侧布置常朝宫殿,西侧布置苑囿。邺城的苑囿即著名的铜雀园,其中铜雀台、冰井台、金虎台三台,由于唐人杜牧《赤壁怀古》的"铜雀春深锁二乔"诗句而名扬后世。

第四节 隋唐两宋宫殿

庄严富丽的隋、唐宫殿

公元581年,北周贵族杨坚废北周静帝,建立隋朝。589年,隋军南下灭陈,结束了三国以来长达300余年的分裂局面,中国复归统一。历史常常出现惊人相似的重演,正像历经春秋、战国时期的分裂之后由秦完成了中国的大统一一样,在三国至南北朝的分裂之后,由隋重新统一了中国。秦推行暴政及经济上的聚敛,二世而亡;隋朝第二代皇帝杨广穷奢极欲,暴政高压和搜刮民财，以致断送了政权，杨氏称帝仅三世而亡。618年，由李渊取代隋朝而建立了唐朝。短命的隋为国运长久并达到封建社会繁荣顶峰的唐朝打下了基础，仅是隋代所积累的国库财富，直到唐亡时也还未用尽！

　　隋文帝杨坚比较爱惜民力、勤俭治国、革除弊政。所以隋初国势日盛，经济发展很快，社会安定，百业繁荣。杨广弑父即位，这位无道的暴君纵欲无度，横征暴敛，搜刮民财，大兴土木营建宫苑，劳民伤财游幸江南，并多次发动对外扩张的战争，致使民怨鼎沸，终于酿成农民起义以及各地官僚、豪强叛变割据的局面，结果李唐代兴。

　　隋建国之初，文帝杨坚于582年命将作大匠宇文恺在汉长安东南规划、建设新都，命名"大兴"城。这一杰出都城的完善和知名度的提高是在唐朝，它便是举世闻名的唐长安城。尽管关中有"八百里秦川"的沃野良田，但作为首都地区的粮食和其他物资的供应，还要仰仗于江南。江南物资经黄河西运的中转要地是洛阳，这里同时又是军事要地，它对大兴（长安）有拱卫之势。因此隋炀帝杨广于大业元年（605年）亲自选定以伊阙为中轴的前沿、北邙山殿后，规划建设了"东都"洛阳城（大兴在洛阳的西面，称为"西都"），洛阳城有洛、伊、穀、瀍四水流贯城中，水源及水运都极便利。唐代因袭了隋东、西两都（或称"两京"）未改。隋、唐两朝分别在长安与洛阳建设宫殿，无论在规模上还是质量上，都达到了一个新的高峰。隋朝两都的规划和宫殿设计，都是由宇文恺主持的。他的创作水准之高无与伦比，他为中国都城和宫殿建筑的发展，做出了重大的贡献。隋大兴城、唐长安城的皇城位于城市南北中轴线的北部，皇城的前部是中央衙署，后部是宫城也就是大内。宫城分中、东、西三部分，中间隋朝称"大兴宫"，唐朝改名为"太极宫"；东部为太子的"东宫"；西部为宫嫔居住的掖庭宫。634—635年，唐太宗李世民在城北禁苑东部创建大明宫，并于高宗时完成。714年，唐玄宗李隆基把他登基前的府邸改建为兴庆宫。这样，唐长安便有"三大内"：太极宫称为"西内"，大明宫称为"东内"，兴庆宫称为"南内"。

 1. 太极宫（西内）

　　太极宫东西1285米、南北1492米，面积1.9平方公里，为北京明、清故宫面积的近3倍。正门叫承天门，它正对南面皇城正门——朱雀门。太极宫前殿为太极殿，中殿为两仪殿，后殿为甘露殿。这三大殿的两旁有大吉、百

福等殿堂组成的对称布局，以及三四十组宫殿和山池院、四海池等园林。承天门建于隋开皇二年（582年），开始叫广阳门，仁寿元年（601年）改称昭阳门，唐武德元年（618年）又改称顺天门，神龙二年（705年）始称承天门。每逢元旦、冬至、登基、改元、大赦、受俘，以及"除旧布新"、接受"万国之朝贡"、宴"四夷之宾客"，皇帝均登临承天楼。如隋文帝受平陈师献俘、唐太宗册封李治为皇太子、睿宗即位、玄宗受吐蕃宰相尚钦藏献盟等，都是在这里举行典礼仪式的。承天门还保留有古老的外朝性质。唐玄宗还常在这座城楼上宴乐，并向楼下抛撒金钱，令百官争拾以取乐。唐人张祜的《退宫人》诗，有"长说承天门上宴，百官楼下拾金钱"句。

 2. 太极殿

太极殿建于隋初，当时叫"大兴殿"。唐武德元年（618年）改称"太极殿"。它是太极宫的正殿，也就是前朝。皇帝每逢望、朔——初一、十五，在此视朝。永徽二年（651年），改为每五日一次。唐高祖李渊受隋禅让典礼，高宗李治即位和册封皇后、太子、太子妃、诸王、王妃、公主，以及赐宴百官、使节等礼仪，也多在此殿举行。高宗以后，则主要使用大明宫的含元殿了，但遇登基、大殡等大礼，如德宗、顺宗、宪宗、敬宗登基，代宗、德宗葬礼，还是在此殿举行。太极殿北为隋的中华殿，唐改称"两仪殿"。高宗以前，皇帝在此殿常朝视事，殿内不设仪仗，君臣不拘大礼，比较随便地议政。

综观隋唐宫殿建筑，以国力的昌盛，洋溢出昂扬旺盛的创造活力，开创出辉煌灿烂的审美境界，不仅在宫殿建筑史上，就是在整个中国建筑史上，也称得上是一个高度成熟、高度繁荣的黄金时代，即用"前不见古人，后不见来者"加以形容，亦无不当。从形制而论，广泛采用左、中、右三路拱卫对称的规整格局，中路层层进深顺序布置三朝，构成宏规巨模，成为后世宫殿建筑的模范方式，使宫殿建筑在体现帝王豪侈的物质生活居住需求的同时，更象征了一个王朝政治统治的等级秩序和精神追求。当时较少用琉璃瓦，即使高级殿堂，也以青棍瓦为主；墙面、构架用赤白两色，很少繁缛堆砌，作风明朗健壮，俨然盛世气象，更为前后世所不能比拟。

五代乱离，中原建设力弱而破坏甚烈。先是朱梁代唐，长安为墟，至取宫室之材浮河而下。后建都洛阳，又以汴州为开封府，建为东都，创置宫殿，但兵戈扰攘，已无规模可言，诚如后晋薛融进谏："今宫室虽经焚毁，犹侈于

帝尧之茅茨,今公私困窘,非陛下修宫馆之日。"至后周建都汴京,方内略定,始有开国建设之计。广顺三年(953年),诏开封府丁五万五千人修补京师罗廓;显德二年(公元955年),汴京成为政治经济中心,旧有建筑不敷居用,又大兴土木,增修汴城,但着眼点重在市政的总体建设,就宫殿而论,变化不大。

北宋东京城的宫殿

北宋首都东京城(洛阳为西京)即"汴梁",也称"汴京",就是现在的河南省开封市。唐朝时,是汴州府驻地;五代十国时期,曾作为后晋、后周的都城,称为"东京"。

东京的大内宫殿,是在原来后晋、后周时宫殿基础上扩建而成的。后晋、后周的宫殿是利用唐朝汴州节度使治所,规模不大,对于苟安的小朝廷来说,勉强可以了。宋建国之后,于建隆四年(963年)进行了扩建。

东京共有三重城墙:核心是宫城(也叫皇城),外围是内城(旧城),再外围是外城(新城)。外城周长25.275千米,是市民居住区和市肆。内城除少数民居外,主要为官署、王府、寺观。宫城四角有角楼。南面有三门,中央为"五凤楼"造型的丹凤门。这座城门的墩台呈"凹"字形,中间五个门道,左右有掖门,上面的城楼叫"宣德楼",所以这座城门也叫"宣德门"。两翼前身有对峙的两阙楼,转折处有朵楼。宫城的东、西墙有东华门和西华门;北面有玄武门(拱宸门)。丹凤门往南到朱雀门,是"天街",也叫"御街";两侧建御廊,后来元、明、清皇城外的"千步廊"就是继承这一形制。天街一直通向外城的南薰门,构成中轴大道。宫城仍是传统的"前朝后寝"格局。前部外朝的正殿为面阔九间的"大庆殿",东西各有五间的配殿。殿后是常朝的紫宸殿一组,其西侧有与之平行的文德殿和垂拱殿两组,作为日朝和宴饮之用。再往后,便是寝宫和内苑了。

宋代主体殿堂为"工"字形平面,它的形成是因为唐朝官署大堂做"工"字厅形式,叫作"轴心舍",而这里原为唐的州治衙署,主体厅堂为"工"字形平面,所以五代、十国沿袭至宋未变,元代有所继承。徽宗政和三年(1113年)在宫城正北至内城北城墙地段增辟了御苑——延福宫;政和五年,又在内城东北隅建设"上清宝箓宫";政和七年在宫内建"万岁山",既成,改名为"艮岳寿山";后又挖池;宣和四年(1122年)建成了这座自然

山水景象的宫苑，宫门额题"华阳宫"。

宋朝的宫殿没有保存下来，至今也没有发掘遗址，所以还没有实例。北宋有位画家张择端写生画了首都东京汴梁城（今河南省开封市）外的一座行宫——琼林苑的金明池，为我们提供了翔实的形象资料。琼林苑金明池是皇家"四苑"中唯一开放的游览胜地。琼林苑在汴梁外城西墙新郑门外大道南，乾德二年（964年）创建；太平兴国元年（976年）又在道北开凿大池引汴河水灌入，形成"金明池"新区。一进琼林苑大门，道边都是古松怪柏，两旁有石榴园、樱桃园之类，其中都置有亭、榭。苑东南部有几十丈高的土山——华觜冈，"上有横观层楼，金碧相射"。山下为"锦石缠道，宝砌池塘，柳锁虹桥，花萦凤舸"。其花皆素馨、茉莉、山丹、瑞香、含笑、射香，大部分都是浙江、广东、福建进贡来的名花。在花丛之间布置着梅亭、牡丹亭等。苑内还有射殿，殿南为球场，"乃都人击球之所"。每逢大比之年，殿试发榜之后，皇帝照例在这里赐宴新科进士，称"琼林宴"。

金明池周长4.55千米，原为宋太宗检阅"神卫虎翼水军"进行操练的地方，后来改作观赏龙舟夺标水嬉的园池。据《东京梦华录》记载，池南岸正中筑高台，台上建宝津楼，楼南有宴殿，殿东有射殿及临水殿。宝津楼下架仙桥连接池中央的水心殿。仙桥是木结构的中央隆起的虹桥，朱漆栏杆，下排雁柱。池北岸接近中部有"奥屋"，即停泊龙舟的船坞。

金明池每年3月定期开放，允许百姓来参观，叫作"开池"。到上巳（三月三），皇帝车驾临幸来观看"水嬉"完毕，金明池即行关闭了。对面琼林苑也同时开放，所有殿堂都可以入内参观。每逢水嬉开池的日子，东京市民倾城来看热闹，也允许商贩摆摊叫卖和卖艺人表演杂耍百戏。当时的画家张择端所绘的《金明池夺标图》，忠实、生动地描写了这一场面。池东岸宽阔，树木茂盛，游人较少，作为捕鱼区，但"必于池苑所买牌子方许捕鱼。游人得鱼，倍其价买之，临水斫脍，以荐芳樽，乃一时之佳味也"。

南宋临安城的宫殿

北方女真族建立的金国南侵，占领宋都东京，掳去徽、钦二帝。宋的宗室和官员南下至今河南商丘，拥立赵构即帝位，即史称的"高宗"，建都称"南京"，这便揭开了史称的"南宋"史页。南宋高宗又继续南迁到江苏的扬州；最后退至浙江的杭州，定都为"临安"，才算稳定下来。

临安是因就吴越和北宋杭州旧城，增筑内城和外城的东南部而扩建成的。内城就是宫城或叫皇城，位于城南凤凰山东麓，原为吴越时府台及北宋杭州州治子城旧址。宋建炎元年（1127年）改为官城，称"南内"。据《武林旧事》等书籍记载，宫城方圆9里，比北宋的宫城小多了。南面正门叫"丽正门"，东有"朝天门"，北有"和宁门"。和宁门外为衙署区。宫内布局基本是前部宫廷、后部禁苑，"共有殿三十、堂三十二、阁十二、斋四、楼七、台六、亭九十、轩一、观一、园六、庵一、祠一、桥四"。前朝只有两座主要殿堂，《宋史》、《梦粱录》、咸淳《临安志》等书籍所记载的文德殿、紫宸殿、大庆殿、明堂殿、集英殿等，其实多是同殿而异名，根本不再是"三朝五门"的传统宫殿制度了，只是偏安政权的权宜之计。大庆殿两侧有朵殿，西朵殿称"垂拱殿"，是常朝使用的。此外，还有复古殿、福宁殿、熙明殿、勤政殿、嘉明殿等几座小型殿堂。按照"前朝后寝"布局，皇帝寝殿及后、妃居住的后宫和御苑，都在北部，太子东宫在南内的东北部。"南内"由于地处山林风景区之中，所以看起来像是离宫一样的园林化环境。"北内"德寿宫在望仙桥，是高宗赵构引退后住的地方。他的儿子（孝宗）即位后，为满足高宗林泉、楼台的园林享受，专门建造了这座规模不小的宫殿。

两宋宫殿都没有保存下来，不过从现存宋代寺院建筑和宋画中可以想象其华丽的程度；北宋《营造法式》一书记载了各种宫廷建筑的规格、做法，建筑技艺是高水准的，已有一套制度化、标准化的成熟规范。宋代宫殿不求体量的庞大、宏伟、庄严，而求造型繁复和精美，形成了一种秀丽、典雅的风格。

游牧民族的辽、金宫殿

北宋代时，位于中国北方的契丹族建立了辽国；在不久之后，女真族也建立了金国。辽国设立了"五京"，以临潢为"上京"（今内蒙古巴林左旗林东镇南）、辽阳为"东京"、大同为"西京"、大定为"中京"（今内蒙古宁城县西）、析津为"南京"——又称"燕京"（今北京市西部）。因为金国的发展较快势力日益强大，所以后来相继灭掉了辽国和北宋。金初，国都定在上京会宁府（今吉林省阿城南）。因为上京位于北方，气候较为寒冷，因此，为了便于进攻中原，在金贞元元年（1153年）由上京迁都到南京（燕京，今北京），改名为"中都大兴府"。当时，金朝的皇帝命令右丞相张浩仿照北宋东京的规划扩建原燕京城。1234 年，北方蒙古族兴起，灭掉了金朝。蒙古蒙哥汗六年（1256 年），忽必烈在滦河以北筑城建宫，在中统元年（1260 年）将其定名为"开平府"；四年（1263 年），改称"上都"（今内蒙古正蓝旗东闪电河北岸）。1264 年定都燕京，其名称沿袭了金朝，将其称为"中都"。从 1267 年开始，开始建设以中都东北的琼华岛离宫为中心的新皇宫。1271 年，蒙古可汗仿照汉族习惯称帝，并建立元朝，统一了中国。1272 年，蒙古可汗命汉人刘秉忠和阿拉伯人也黑迭儿主持在琼华岛新皇宫周围规划新国都，也就是大都城。经过 8 年的建造，最终完工。

辽、金同属北方游牧民族的政权，二者最大的共同之处，就是注重学习汉文化，而且统治者都努力学习汉文化、任用汉人，为进取中原、建立全国性的政权打基础。同时，辽、金在统治方法和宫廷典章制度方面，都按照汉朝的传统；在宫殿的形制上也基本上采用汉族的传统，但游牧民族的观念和习俗在其中也有所体现。

1. 辽上京的宫殿

辽上京的宫殿建于天显元年（926 年），其遗址位于内蒙古巴林左旗林东镇南 2 千米处。从结构上来看，上京分南北两城，北城为皇城。皇城东、西、北各有一门，都设瓮城。在皇城内，中部有连接东、西宫门的横路，而在这条横路的北面则利用高地之势建成了一大片宫殿区。宫殿区内正中是一个前为长方形、后为圆形的主殿。圆形的殿堂，象征游牧民族所习惯居住的穹庐形帐篷。主殿以北是内宫。宫殿区正南方是"承天门"，其基址和雕刻如今仍然遗存。

辽上京

门外中轴大街把城市分为东、西两区。

2. 辽南京的宫殿

据《辽史·地理志》记载，南京（燕京）城的皇宫情况是："燕京大内在西南隅，皇城内有景宗、圣宗御容殿二：东曰'宣和'，南曰'大内'。内门曰'宣教'，改'元和'；外三门曰'南端''左掖''右掖'，左掖改'万春'，右掖改'千秋'。门有楼阁，球场在其南，东为永平馆。皇城西门曰'显西'，设而不开；北曰'子北'。西城殿有'凉殿'，东北隅有'燕角楼'。"除此之外，在皇城中还有很多楼宇台殿，如清凉殿、嘉宁殿、五花楼、五凤楼、迎月楼、凤凰门、昭庆殿、乾文阁、九层台、天膳堂、游仙殿、仁政殿……

3. 金上京的宫殿

金上京城内也被分为南北两部分，其分界点是一道东西横墙。在横墙中部偏东开有一门，因为横墙南部西北隅地势高平，所以在这里建立了宫城，宫城后墙利用了城市的横隔墙。宫城南面正门与城市南门相对，宫门前左右有一高台观，这不仅是礼仪双阙，而且是重要的军事设施。

宫城南面正门有三个门道，进入宫门之后沿着向北的长甬道两侧为东、西廊庑；甬道通向正面一殿门。进入殿门之后，正面就是一座大殿。大殿北面有与正殿规模相当的一殿，殿后建有"工"字形殿堂。"工"字殿位于宫城中央，为宫城主殿。从形制上来看，它效仿了宋朝东京的宫殿建筑形式。"工"字殿东西两边都有墙，把宫城分为前南北两区：南部为"前朝"，北部为"后寝"。在"工"字殿以北中轴线上还有三座宫殿，它们呈南北排列，东西两侧仍有廊庑。除此之外，还有东、西两路宫殿，各有四进。总而言之，金上京的宫殿是模仿了宋代宫殿，正如《大金国志》所说：宫殿"规模曾仿汴京，然十之二三而已"。

4. 金中都的宫殿

在金贞元元年（1153年），改建燕京为中都大兴府。在建设中都宫殿之前，皇帝先派画工到北宋东京绘制宫殿建筑图样，随后就按照这些建筑图样来建造宫殿。

皇城位于中都中央，其南面有宣阳门，宣阳门外有龙津桥，过桥大道直通中都城的南面的丰宜门。宣阳门内左右都有建筑，左有文楼，右有武楼。再往北为宫城正门——应天门。在东廊外，北有太庙，南为球场；西廊外，北为六部，南为三省。东西千步廊外偏南处，分别建有西夏馆和会同馆等，而且还有很多间民房杂处。

宫城应天门内800米处是正朝的大安殿，这里是皇帝举行各种大典的地方,如登基、元旦、万寿节。后面是仁政殿;东面是太后宫、太子东宫和东苑;西面为后、妃居住的寝宫。宫城中轴线正对天宁寺塔。此塔位于北京市西南部,如今仍然保存完好。

中都的宫城并没有沿袭隋、唐以来的外朝三大殿制度,而是前有大朝大安殿、后有日朝仁政殿两座主殿。

第五节 元明清宫殿

元大都的宫殿

大都城是按照《周礼》"面朝、后市、左祖、右社"的布局来规划建设的:皇城在城市中轴线的南部;城北为商业集市区;皇城左面——东城,齐化门内有太庙;右面——西城,平则门内有社稷坛。宫城(大内)在皇城内中轴线的南部,北部为御苑,其西部为太液池园林区,池西南是太后居住的西御苑和隆福宫;北部是太子居住的兴圣宫;宫门前,东有佛教的宏仁寺,西有道教的玄都胜境。这种在宫前对称布置宗教建筑,是大都宫殿规划的一个特殊处理。

皇城南区的正门是"棂星门",门内金水河上有三座石桥,叫作"周桥";门外是向南直抵都城正门"丽正门"的御街;街两侧为长达700步的"千步廊",向南连接成楼,这和宋东京及金中都皇城前的布局相似。周桥栏板是用明莹光洁

元大都土城遗址公园"大都建典"群雕

的汉白玉雕刻龙凤祥云；桥旁为"郁郁万株"柳林，元代诗人有"梦柳青青白玉桥"诗句，描写的就是这里。宫城四面辟门，南面正门叫"崇天门"，是五凤楼的形式，其东有"星拱门"，西有"云从门"；东、西宫墙上分别开有"东华门"和"西华门"；北为厚载门。宫城四角设三层的角楼，为琉璃瓦屋盖。

　　崇天门内有大明门，门内正殿即大明殿。门的左右有"日精""月华"两门。大明殿北为后宫"延春阁"。大明殿后有过厅连接一寝殿，形成"工"字殿形式。延春阁为两层楼，下层称"延春堂"，上层称"延春阁"。它也有过厅连接寝殿，也是"工"字殿形。前后殿周围各有百余间廊庑环绕成独立庭院，两庭内寝殿东、西各有小殿。

　　前朝大明殿落成于至元十年（1273年）。殿为三重台基，都是用汉白玉雕栏围护，相对每根栏杆望柱下，都出石刻螭首，相当壮观。元世祖忽必烈为教育后世子孙，当上中国皇帝后勿忘大漠祖籍及创业的艰难，并为此专门在殿前月台上做成了一个栏杆围成的沙坑，里面种植从沙漠里移来的莎草。有诗为证："黑河万里连沙漠，世祖深思创业难；数尺栏杆护春草，丹樨留与子孙看。"《辍耕录·宫阙制度》描写了大明殿内的情景：中间设有七宝云龙御榻、白盖金缕褥，榻上安置皇帝、皇后两个座位。帝、后并坐，接受百官朝拜，这是蒙古首领的传统礼节，这和汉族宫廷仪礼的只设皇帝宝座不同。御榻前，设有自动报时的七主灯漏、酒瓮和乐器。后庭中的延春阁是举行宴会的地方，佛、道法会也常在这里举行。延春阁后还有规模较小的清宁宫，宫城后门即厚载门上建有高阁，阁前有舞台，皇帝常在阁上观看舞台上的演出。东、西六宫在延春阁两侧。后宫西边隔金水河有玉德殿，殿里有佛堂，也是皇帝处理政务的办公室。

元大都古城遗址

　　大明殿和延春阁两组宫殿之间有一条横街连通东华门和西华门，元中期以后，每年正月十五都在这条街上布置灯山，"结绮为山，树灯其上；盛陈百戏，以为娱乐"。元大都的其他宫殿也都是一个庭院里有前后两座殿堂，每座都是前殿供朝会、后殿供居住，中间连以过厅的"工"字形平面，殿后往往建有香阁。

大都宫殿所用材料十分讲究，例如紫檀木、金丝楠木、各色琉璃、陶瓷等；装饰也很华丽，呈现出蒙古族的特色，兼有藏传佛教和伊斯兰教的趣味。与现在藏传佛教寺庙殿堂一样，主要殿堂都用方柱，涂红漆，上面绘金龙彩画。墙上挂毡毯、皮毛和丝绸帷幕等；壁画、雕刻多为藏密题材。蒙古族由于多用羊毛毡，所以喜欢白色，因而有白瓷瓦屋顶的宫殿，非常有特色（甚至还做成蒙古包形的圆殿）；还有一些平顶的"盝顶殿"和畏吾尔（维吾尔）殿，颇具民族特色。当时意大利旅行家马可·波罗在他所著的《马可波罗行记》中描述大都宫殿说："此宫之大，向所未见……宫墙及房屋，满涂金、银，并绘龙、兽、鸟、骑士形象及其他数物于其上"；"大殿宽广，房屋之多，可谓奇观……顶上之瓦皆红、黄、绿、蓝及其他诸色，上涂以釉，光泽灿烂，犹如水晶。"认为"天上之清都，海上之蓬莱"所不及。马可·波罗是周游世界的见多识广的人，他这样赞誉大都宫殿，可知其规模和豪华是举世罕见的。

硕果仅存的明、清宫殿

在元末农民起义的浪潮中，蒙元帝国瓦解。1368年朱元璋推翻了元朝建立了明朝，定都于"南京应天府"（今江苏省南京市），以开封为"北京"。1369年朱元璋下诏以他的家乡临濠（今安徽省凤阳市）为"中都"，建设宫阙。1378年改南京为"京师"，取消"北京"的称号。朱元璋死后，因其长子早逝，遂以长孙朱允炆即皇帝位，是为建文皇帝（惠帝）。1403年，朱元璋的第四个儿子燕王朱棣以"清君侧"为名出兵南京，建文皇帝"不知所终"，朱棣即位，是为明成祖。成祖永乐元年（1403年）迁都到他做燕王时的封地北平（元大都城），定名"北京顺天府"。永乐五年（1407年）起，集中全国的高级工匠，征调民工和军工二三十万人，改造大都城，并在拆毁的元朝宫殿废土上建设新宫。永乐十八年新宫建成，翌年成祖进驻北京。1644年明亡于闯王李自成起义军，李在北京建立"大顺"朝。明将吴三桂借关外的满洲族建立的"后金"（后改为"清"）军队协助讨伐李自成，李自成在北京仅十余日，在即大顺皇帝位的次日便由平则（阜成）门撤离北京，向西北逃遁。后金军队占领北京。后金的第三代统治者爱新觉罗·福临在北京称帝，即顺治皇帝，史称"清世祖"，改国号叫"清"。中国历史上历次改朝换代绝大多数都是焚毁宫殿，新朝另建新宫，这次闯王进京及清朝取代明朝，都对北京宫殿毁坏不多，基本上是全盘接收北京皇宫，为己所用。

南京玄武门

南京为六朝时的建康,元朝时称"集庆路"。朱元璋于元末(1356年)占领集庆路,改名"应天府",建国后以此作为国都,称"南京"。

1366年改造南京城的工程完成,建宫殿于钟山南麓,并建太庙及社稷坛。皇城偏居南京城的东南,宫城在皇城中间。皇城前沿有以朱元璋年号命名的"洪武门",门内为御街千步廊,御街北端连五龙桥为皇城正门——承天门;门内有端门,再进为宫城正门——午门。端、午门之间左右两面布置太庙和社稷坛。

宫城午门内,东宫墙有东安门,西宫墙有西安门,分别向东、西直对外围皇城的东华、西华二门。午门内还有五龙桥,过桥正面中轴线一路为奉天门、奉天殿、华盖殿、谨身殿,都是两庑并列。奉天殿为前朝正殿,左有文华殿,为东宫(太子)视事之所;右有武英殿,为皇帝斋戒时的住处。后面乾清宫、省躬殿、坤宁宫,都是寝宫;嫔妃所居的六宫,则按顺序排列。中轴线上的北宫门称"北安门",再北是皇城北门,叫"玄武门"。

明南京宫殿被清朝拆毁,现在仅留有午门、五龙桥等遗迹。

明代实际上建过三处宫殿,明太祖主持建造的南京宫殿和中都临濠宫殿,以及明成祖主持建造的北京宫殿即今故宫。后来满清入关,定鼎北京,因明故宫之旧稍加增修,以为朝寝之所。清入关之前,先有沈阳故宫之营造,亦具一定规模。北京故宫和沈阳故宫均保存完整。至今,尤其是北京故宫,不仅在宫殿建筑史上,即使在整个中国建筑史上,也是现存最伟大、最完整的古建筑群。

第二章 古代宫殿建筑的结构与审美

中国传统建筑有一套非常严格的等级和制度体系,任何建筑都必然处于这一制度体系中的某个特定位置。由于宫殿建筑处在这个体系的顶端,因此所有传统建筑类型在形制上与宫殿建筑都有着极为深刻复杂的联系,但在制度等级上又都或多或少低于宫殿建筑。这种等级差别不仅体现在规模上,也体现在建筑功能完备程度和建筑空间、技术、材料、装饰所体现的许多隐含的寓意上。这一制度规定了皇家宫殿建筑处于国家建筑体系的顶端。

第一节
宫殿建筑的基本概念与时代特点

 宫殿建筑的的几个基本概念

我们今天谈到的宫殿,都是特指帝王居住活动的场所。但在汉代以前,宫、室、寝、房、屋等概念只是人们对居住建筑的不同称谓而已,其中"宫"字并不具有什么特殊的地位,但却是表达居住建筑最古老的汉字。从早期的字形上看,"宫"字上有穴头,为早期穴居建筑立面或剖面形象,下面的双口则是建筑的平面形式。一般认为,至迟在距今约四五千年的龙山文化时期已有双室套间的半穴居建筑形式出现。

在《易·系辞下》中有这样的记载:"上古穴居而野处,后世圣人易之以宫室,上栋下宇,以待风雨。"从这段描述来看,当时的"宫室"具有上部的"栋"梁结构,下有墙壁,形成了下部的"宇"也就是室内空间,它的室内空间不过仅足以遮蔽风雨而已。至西周时期,"宫"字的含义仍然没有什么变化,《礼记·儒行》记载孔子关于"宫"有如下论述:"儒有一亩之宫,环堵之室;筚门圭窬,蓬户瓮牖……"这段文字所描述的"宫"其实相当简陋,面积不过一亩,柴门蓬户,工艺材料极尽节俭,只是一个贫寒儒生的简陋居所而已。说明直到春秋时期,"宫"字仍然是对所有住宅的泛指,并无特殊地位。但从这段文字我们也可以发现,所谓"宫"不是指单独的一幢房屋。所谓"一亩之宫",一亩地面积约有 660 平方米,作为一介寒儒的房屋似乎过于奢华了,与之后描述的贫寒状况不符,显然"一亩之宫"是指包含院落在内的一套住宅。"宫"所指代建筑的社会地位的变化大约发生在汉代,据《风俗通义》所载:"自古宫室一也,汉来尊者以为号,下乃避之也。"说明在汉朝之前,宫与室等对居住建筑的称谓并无社会地位上的区分,汉代以后才成为

第二章 古代宫殿建筑的结构与审美

帝王居住场所的专用称谓。

至于殿的含义，常常是"殿堂"二字连用。"堂"的部首其实与"宫"是相似的，但结构较复杂，表示建筑上有较复杂高大的屋顶，中间的"口"表示堂中的人，下面的"土"表示高大的台基，可见"堂"是建在高大台基上的高大的房子。从字形上可以得到两个重要的信息：一是"堂"较原始的"宫"要先进得多，因而"堂"的出现可能要晚于"宫"；二是"堂"字所表达的这种建筑形式是一个单体建筑。《说文》对"堂"的解释是："堂，殿也。"说明"殿"与"堂"没有本质区别。而《仓颉》对"殿"的解释是："殿，大堂也。"也就是说"殿"其实就是堂，而且是尺度大于一般房屋的"堂"。除尺度大于一般房屋之外，殿堂建筑还有方位上的讲究。我们常用的一个成语叫"堂堂正正"，也就是像"堂"一样的光明正大，说明殿堂建筑是处在显赫的、中心的或重要的位置的房屋，是一组建筑中的视觉焦点。从以上解释来看，总的说来，殿、堂二者都是指尺度较高大而敞亮的单幢房屋，而且殿堂一定是一组建筑中的主要建筑物。"殿"字右侧是一个"殳"，殳是古时一种武器，又是一种地位较高的仪仗兵器。《诗经》中有"伯也执殳，为

大成殿建筑

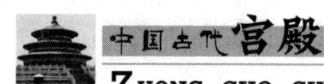

王前趋"的诗句，周制贵族爵位有公、侯、伯、子、男五级，要由"伯"爵亲自来执"殳"，说明"殳"作为仪仗器的地位多么崇高。门前有如此崇高的仪仗，证明"殿"一定是具有某种神圣属性的，所以除皇家宫殿的"殿"以外，各类宗教建筑、庙宇中的主要房屋也常称为某某殿，如文庙中的大成殿，佛教和道教庙宇中的大雄宝殿、三清殿等。

　　随着社会发展和经济技术的进步，早期"贵贱所居"以避寒暑的简陋宫室逐渐成为"尊者以为号"的"王宫"。进而王宫建筑楼台壮丽、殿宇相连的恢宏气势给人们深刻印象，人们遂在字面上以"宫殿"二字连用，"宫殿"一词逐渐成为帝王居所的专用名词。即便如此，"宫"和"殿"在具体含义上又有本质区别。皇宫建筑具有两大功能：其一是居住生活，其二是处理朝政。由于"宫"在早期是一般居住建筑的统称，所以人们仍将皇宫建筑的生活居住区域称为"宫"，也因生活区域多处在宫殿建筑群的后面（北面），所以也称为"后宫"。而宫殿建筑中处理朝政、举行典礼的部分，建筑通常高大宏伟，是典型的"殿"堂建筑，于是人们通常将宫殿建筑中处理朝政、举行典礼的建筑称为"殿"。又因殿堂部分常位于宫殿建筑前部（南面），所以历来有"前殿后宫"之说。另外，前面曾提到"宫"有包括院落在内的一组建筑的含义，所以"宫"又有宫殿建筑群体统称的意思。我们常说"某某宫之某某殿"即属此意，比如：阿房宫前殿、故宫太和殿等。

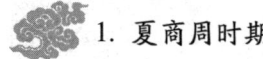 **中国宫殿建筑的时代特点**

　　社会的发展总是随着各个领域不断进步而体现时代个性，建筑在这一趋势中一直扮演着重要的角色。技术作为反映人类文明的重要标志之一，同样被反映到建筑文化中。中国古代的"宫"不是一个单独建筑物而是一组建筑构成的群体，那么作为这一建筑群体组成部分的各"殿""堂"自然会逐渐地形成一定的分工模式，进而形成一个有机整体，这个过程相对漫长，并且在不同时期、不同指导思想下其发展方向也发生过根本性的变化。

1. 夏商周时期

　　河南偃师二里头宫殿遗址，现知最早的宫殿遗址。
　　郑州商城、湖北黄陂县盘龙城遗址，商代中期，规模较小。

西周宫室遗址，明显为对称布局，有迄今所知最早的四合院实例。

中国古代宫殿经过夏、商草创，至西周已基本定型。西周宫室中有两个重要的建筑内容：明堂——宣讲政教而建的殿堂；辟雍——天子讲书的地方。

2. 秦代

陕西咸阳市东郊咸阳宫。公元前212年，在渭南上林苑别营朝宫先作前殿"阿房宫"。

秦于关中建宫300处，关外400余所，设以锦绣帷帐，陈以钟鼓美人，奢侈华赡，无以复加。

3. 汉代

公元前202年，汉高祖迁都长安，建长乐宫、未央宫。

汉武帝时，国力强盛，营建大批宫殿，筑建章宫。

汉代宫殿，其繁复之布置，伟岸之外观，所达到的高度标准，实可与秦前后相辉映。

东汉洛阳分南北二宫，北宫德阳殿。东汉宫殿，其规模气魄，显然难与西汉长安宫阙相提并论。

4. 魏晋南北朝时期

邺城，曹操营造的铜雀台、金凤台、冰井台。

魏晋360年，战乱频仍，土木之功，虽不时营建，但规模已无法同两汉相比拟。

5. 隋代

隋炀帝于伊洛营建东京，宫殿以乾阳为正殿，规模最大；大业殿规模小于乾阳，而雕绮过之。东都之外，关洛之间至江都，离宫别苑，秀丽标奇。

隋承北周，北周以周制为标榜，宫殿体制一革汉魏以来的东西堂体制，改用三朝五门，后世自唐至明清，宫殿建筑的布局均以此为准则，相沿不移。

6. 唐代

太极宫在隋故宫基础上加以扩大。大明宫建于太宗贞观八年（634年），其遗址大部分已发掘。外朝——含元殿、中朝——宣德殿、内朝——紫宸殿，三大殿极富盛名。

唐朝的宫殿建筑，以国力的昌盛洋溢出昂扬旺盛的创造活力，不仅在宫殿建筑史上，即使在整个中国建筑史上，也称得上是一个黄金时代。

7. 五代时期

广顺三年（953年），后周太祖郭威下令修补京师罗廓。显德二年（955年），汴京成为政治经济中心，大兴土木增修汴城。

五代乱离，中原建设力弱而破坏甚烈，就宫殿而论，变化不大。

8. 宋、辽、金时期

宋太祖命有司画洛阳宫殿，按图修建，"皇宫始壮丽"，有威加海内的气象。大内正殿为大庆，正衙为文德，而作为崇文的具体表现，则是宫城中多建有崇文院三馆、密阁、苑囿等。

辽的上京，有开皇、安德、五銮三大殿，南京有仁政殿。金的上京，陆续有明德宫、五云楼、重明殿、太庙、社稷等建成。

宋之宫殿，规模不是十分宏大，轴线也不是十分严格，北宋宫殿的气势不大，政教皇权的庄肃威严已大为淡化。更具有纤巧灵活的特点。南宋于临安营建宫殿，位于凤凰山麓。形成了与以往僵化森严迥然异趣的布局风格，宋帝都崇奉道教，宫中多建有道教宫观，为前代所罕有。崇宁二年刊印颁发的李诫的《营造法式》是中国建筑史上的一部经典。

与五代、两宋并峙的辽、金等少数民族政权，亦各有宫殿的营造。

9. 元代

蒙古族入主中原，建皇城于大都正中偏南。

元大都新城规划最有特色之处是以水面为中心来确定城市的格局，这可能和蒙古游牧民族"逐水草而居"的传统习惯与深层意识有关。

第二章 古代宫殿建筑的结构与审美

10. 明代

明代实际上建设过三处宫殿，太祖建造的南京宫殿和中都临濠宫殿，明成祖主持建造的北京宫殿即故宫，规模宏大。

11. 清代

清入关之前，现有沈阳故宫之营造，亦具有一定规模。

北京故宫和沈阳故宫均完整保存至今。尤其是北京故宫，不仅在宫殿建筑史上，即使在整个中国建筑史上，也是现存最伟大、最完整的古建筑群。

第二节
宫殿建筑的功能构成

中国古代建筑与社会结构形态从一开始就具有密切关联性，复杂的建筑空间构成往往和现实社会构成相关联。

随着社会发展，宫殿建筑的变化也称得上日新月异，从商朝开始，宫殿建筑即大致具备了中国传统宫殿建筑的主要内容并不断丰富完善，后世宫殿建筑内容也随之越来越复杂。直至明清时期，中国古代宫殿建筑主要包含以下一些内容，如供皇帝和朝臣们处理政务的"前朝"也就是朝廷部分；皇家生活起居的"后寝"也就是后宫部分；皇家游憩、田猎活动的场所"苑囿"部分；皇家祭祀祖先和社稷的"太庙""社稷坛"等祭祀建筑；负责政治、文化、艺术的研究宣传和教育机构；外围防御设施"紫禁城"及进入紫禁城的门、楼等入口警备和通道设施等。

古代宫殿的前朝部分

在宫殿建筑组成中,"前朝"部分是它的核心内容,通常将体形最为高大、形式最为庄严的建筑用在此处。前朝部分所负担的功能其实相对简单,主要是两个内容:一是举行诸如新皇登基的大型典礼活动;二是供皇帝和朝臣们商议处理一些重要的政务,称为"大朝会仪"。大典活动需要庄严而隆重,而日常朝政则需要安静,避免不必要的干扰。由于这两件事情所需的氛围不同,自然在建筑布置上就至少要提供两套不同的空间体系,也就是举行大典的"大朝"和处理日常朝政的"常朝"。此外,《周礼》记载周有三朝之制,即"大朝、治朝、日朝","大朝"为接见诸侯的场所,"治朝"用以与群臣议政,"日朝"是日常听政的地方。无论三朝或两朝,"大朝"和"常朝"不同的组成关系,都成为中国宫殿建筑前朝部分非常重要的标志性特征。实际上皇帝和朝臣们平时并不一定在"常朝"里处理政务,可能很少去或在相当长一段时间里根本不去。后期的宫殿建筑空间内容非常复杂,比如北京故宫,除了三大殿外,又有文华殿、武英殿两组大殿,平时为省时省力,皇帝有时干脆就在御书房接待少数臣子,盛夏时,又往往在避暑园林离宫办公。所以,到明清时期,作为宫殿建筑核心的前朝部分其实利用率并不是太高,更多的时候是作为一种象征而存在。

从实用的角度出发,大朝和常朝只需一大一小的两个殿堂就够了,但在实际建造中其艺术效果无法保证,如果前后纵列,两个建筑单位形不成韵律,而大小两个殿堂并列又不能对称。按照《周礼》记载的西周的制度,三朝大都沿中轴线依次布置,大朝在前,常朝在后,这一方式在后期宫殿宗庙建筑中被普遍采用,比如北京故宫的三大殿即为典型范例。

西周时期出现的三朝纵列模式则是最典型的中国风格,是不同于其他建筑体系的独特处理手法。由于"三朝"依次出现,建筑体量被分散,单体建筑的尺度和复杂程度

乾清门

大为降低。由三朝纵列这一模式发展而来的宫殿建筑得到充分发展，最后达到了中国古典建筑艺术的巅峰。

前朝与后宫的分界处，尽管在空间规模上多半不太显赫，甚至其空间性质都不太明确，却往往是宫殿建筑群功能上的枢纽位置。如以北京故宫为例，这个分界就是"乾清门"和"乾清门广场"。乾清门名曰"门"，实为一座可前后穿行的殿堂建筑，是后宫的主要入口。在中国古代建筑中以殿堂为门是一种常用手法，且规格往往较高。乾清门单檐歇山顶，面阔五间，进深六架椽，台基高度约为1.7米，相对前朝的"五门"规格适中、不显威严，不过它工艺精美，装饰华丽超过前面的"五门"，符合后宫的性格要求。但"乾清门广场"的地位却是极其重要显赫的，特别是在清代，这里有两个重要机构：一是外奏事处，负责所有奏章、贡品的内外传递；另一个就是雍正时设立的军机处，是国家最为重要的决策机构。这两个机构都设置在乾清门及其广场两侧廊屋中，所以乾清门广场虽不起眼，却是事实上的国家政治中心。将决策机构设在皇帝寝宫门口是一种古老传统的延续。从仰韶文化遗迹布局来看，其殿堂建筑前的场地就是部落议事决策场所，当时的殿堂也许就是神庙，议事、决策、动员等工作估计都需要首领和巫师配合进行，也就是所谓的"庙算"。"绝地天通"以后首领或帝王的寝宫逐渐具备了"庙"的功能而代替了神庙的位置，"庙前议事"也就演变为"宫前议事"。《周礼》中记载的西周宫室制度中有称为"寝"的部分，位于"前朝"和"后宫"之间，就具有后世乾清门广场的主要功用。

古代宫殿的后宫部分

宫殿建筑所要满足的另一个功用就是提供皇族成员的居住生活空间，也就是要有人们常说的后宫部分。虽然后宫建筑在规模、等级上不如前朝，但皇室成员众多，等级关系错综复杂，建筑制度上所需考虑的问题比起前朝部分更为烦琐。后宫总的来说规则不如前朝部分严格，各个时期后宫建筑布置也不尽相同，但总的来看，后宫制度与前朝制度总有一定关联性，大的格局取决于宫殿建筑总体形制。比如，采用东西两朝制度（东西堂），则配属南北两宫，朝和宫都采用两元构图，秦汉时期常有此类布局方式，有人称这一方式为"秦制"。偶数崇拜与母系氏族文化有关，所谓秦制应该是一种古老的文化现象，二里头文化遗迹中就有偶数开间的殿堂遗址，故"两朝、两宫"模式恐怕还有更古老的渊源。

另一类是与西周三朝制相适应的三宫制，也就是"前三殿、后三宫"模式。隋代还采用过一种"三朝两宫"模式，带有过渡风格特征。"三宫"模式和"三朝"模式一起，随着儒家学说的发展最终成为宫殿布局主流。不过实际上原始的西周宫殿建筑制度并没有强调"三宫"，倒是有"六宫"的说法。《周礼·天官冢宰》即有"掌王之六寝之修"之说，也就是"六宫""六寝"制度。汉代郑玄在《三礼图》中对这一制度的解释是："六寝者，路寝一，小寝五。玉藻曰：朝辨色始入，君日出而视朝，退适路寝听政，使人视大夫，大夫退，然后适小寝释服，是路寝以治事，小寝依时燕息焉。""六宫，谓后也，妇人称寝曰宫，宫隐蔽之言，后象王立六宫而居之，亦正寝一，燕寝五。"这一制度说明，所谓"寝"是皇帝与大夫商议政务和日常休息的场所，它的功能相当于后世的上书房、外奏事处等。"寝"所处的位置即介于前朝与后宫之间，相当于前面提到的乾清门广场的位置，是国家事实上的决策中心。

"寝"之后才是"宫"，是由王后掌握，模仿王的"六寝"设立的。这种三朝、六寝、六宫的布局方式，只是一种理想，并没有发现任何实例或遗迹。实际上仅仅六寝、六宫对皇帝来说规模远远不够，但作为一座宫殿建筑群的核心和骨干，究竟采用何种布局方案仍是决定宫殿建筑风格的关键问题。宋代即采用了前三殿、后三宫的布局方案，这一方案肯定了中轴线的统帅作用，空间秩序感强烈，整组建筑空间风格特征一致，给人印象深刻，之后的

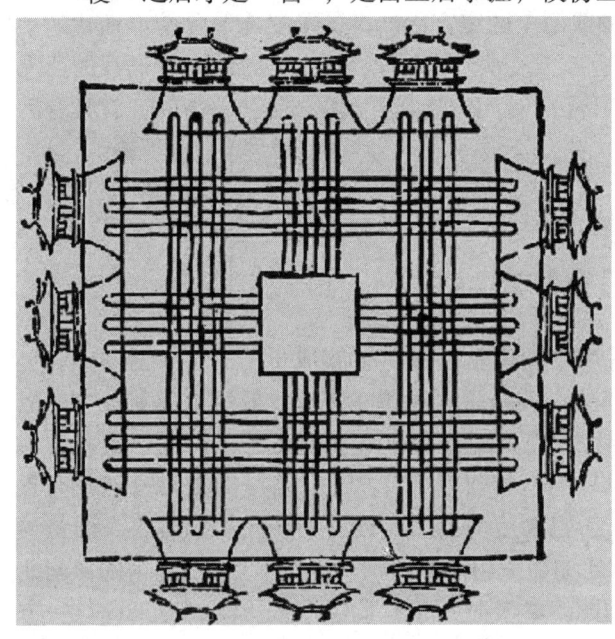

《三礼图》中的王城规划

第二章 古代宫殿建筑的结构与审美

颐和园

元、明、清三代均采用这一方案。但这里后三宫的象征意义已大于实际功用了，真正供后、妃居住的"宫""院"完全可以设置在东、西边的次轴线上，因而民间有"三宫六院"之说。

古代宫殿的苑囿与园林

苑囿是传统宫殿建筑必不可少的组成部分。"囿"的含义据毛苌注《诗经》云："囿，所以育养禽兽也"，应该是畜栏、围场一类设施。而"苑"的原意按照《说文》的解释"苑，所以养禽兽也"，与"囿"字含义竟完全相同。不过从字形上判断，"苑"似乎重在果蔬苗木，而"囿"则重在畜栏围场一类设施。《淮南子》记载有"汤之初作囿也"。直到清代，皇家苑囿一直是帝王生活必不可少的设施，建设苑、囿的目的并不完全是追求生活上的享乐，它也是一种传统的延续，具有一定礼制上的意义。所以皇家苑囿曾经是一级国家机构，由专门部门的专门官吏管理。

在新石器时代我国各聚落附近就有"桑林"存在，这种人工处理培植过的林地大约就是苑囿的源头。那时的"桑林"具有一定宗教意义，有祭祀和男女相会场所等功能。桑林祭祀的习俗保留了相当长的时间，《吕氏春秋·季秋纪·顺民》中有"天大旱，五年不收，汤乃以身祷于桑林"，"以身为牺牲，用祈福于上帝，民乃甚说，雨乃大至。"的记载。《楚辞·天问》中又有"禹之力献功，降省下土方。焉得彼涂山女，而通之于台桑"的诗句，说明原始时期的桑林的功能到战国时代至少还是为人们所认知的。但帝王苑囿的形式和内容在夏、商特别是周以后都有发展。祭祀功能逐渐被剥离出去，而渔、猎、采、樵和游览的功用逐渐占据主导地位，苑囿成为王室的副食库和农场、牧场、猎场，这在商品经济不发达的时代对于宫廷生活是必不可少的。

从春秋时期直到唐代，人们尝试将宫殿和苑囿结合起来，曾经出现过极为壮观的宫苑作品，如战国时期楚国的章华台和汉代建章宫等。隋唐时期宫殿建筑的后宫部分仍保留了这一思路。到宋以后，由于宫殿制度上的变化，皇家苑囿逐渐与宫殿分离，其中有一部分功用转化为以游览观赏为主，也就是从苑囿中分化出后来的所谓"皇家园林"。但总的来说，中国传统建筑并没有要将园林独立出来作为一个专门建筑类型的主张，正好相反，人们一直试图将居住环境与园林有机地结合在一起。早期宫殿试图将环境园林化，或将宫殿建筑群融入自然山水之中，而宋以后则试图使建筑群与经过"再造"的自然山水环境形成一种"相生"的关系。如北京故宫与"三海"的关系就类似太极图，两者相邻，宫殿中有园林因素，园林中也有殿堂建筑。这种建筑与园林的结合方式也反映在私家园林之中，明清时期的人家只要经济条件许可，都会在宅第旁边建一处园子。

古代宫殿的禁城和门阙

中国传统建筑历来非常重视与环境的关系，皇家宫苑与周边城市环境或自然环境的衔接方式与整个宫殿建筑群的营造思路相关，这一关系不仅在很大程度上反映了宫殿建筑总体风格特征，也反映了不同时期不同的政治文化形态。中国古代不用"城市"的概念，而是用"城"或"城池"，强调城墙、城壕等防御设施，在宋以前，中国的"城"与"市"并没有必然的联系。夏、商及西周时期，多数诸侯封国基本由一座城池及其周边的聚落、田野构成，因而那时一座宫殿就有一座城池，一座城池就代表一个国家，简单地说就是"一宫即一城，一城即一国"。由于还没有设立郡县的制度，各地都是领

第二章 古代宫殿建筑的结构与审美

主治理,即便是较大的诸侯国都有不止一个城池,也是由"附庸的附庸"来治理的。所以那时的每一个"城"都是宫城,都类似后来的"紫禁城"。《周礼·考工记》里对王城规划有这样一段记载:"匠人营国,方九里,旁三门,国中九经九纬,经涂九轨,左祖右社,面朝后市,市朝一夫。"轨是计算道路宽度的单位。使用"营国"一词来表示建造一座城池,显然"城"和"国"的概念在这时还通用的。自春秋时期后,各国都城的城池设施通常不止一道,形成由多重城池围护的情况。《管子·度地》中有"内之以为城,外之以为郭"的说法,也就是所谓"筑城以卫君,造郭以守民","城"处于都城核心用来保护国君的宫室,而"郭"则处于外围用以守护平民。春秋时期"淹"国的城池遗址非常典型,淹国虽是一个名不见经传的小国,但其多层城郭结构遗迹至今仍然清晰可见。

城池设施发展为多重与春秋时期战事频繁有关,当时各国最重要的战略资源是劳动力,战争目的通常也以掠夺劳动力为主,因而各国不得不"造郭以守民"。之后各朝城郭称谓并不统一,但各朝的都城通常有外城、内城和宫城三道城池,其中宫城又被称作"大内"、"禁城"或"紫禁城"。明清时北京原来也是三道城墙的设置,后来为保护南郊的天坛、先农坛建筑,又修了前门至永定门之间的半截外城,所以有了四重城池,即外城(南城)、内城、皇城、紫禁城(实际上外城和内城是并列关系),其中紫禁城大致是今天故宫的范围,而皇城则包括了紫禁城外围景山和三海(北海、中海、南海)等皇家禁苑。历代宫城与民间城郭之间不一定是一环套一环的关系,也可以是并列、相连、相离甚至相交的关系,有些宫室建设因地制宜历经百年增减,已经看不出和城市是什么关系了。总之,隋唐以前多数宫殿与城市的关系较为自由。例如春秋时期楚国的郢都纪南城,其中的宫殿台基有30多处,分布比较自由,并无明确规律性。再如汉长安宫殿,长乐、未央、建章各宫室跨越城内外,跨越居民区,不得不以架空的"阁道"相联系。秦朝的宫室建设思路最有意思,他们在保留了"一宫即一城,一城即一国"理念的情况下统一了中国,那么这个"宫"的规模该有多大尺度才能和这个

古淹城地图中所标示的三城三河

"国"有一个合适的比例关系呢？很可能就是这个让人眩晕的问题最终葬送了伟大的秦帝国。在这一观念指导下，产生了秦代"弥山跨谷"绵延数百里的宏大宫殿群，它所考虑的是宫殿群与整个"天下"的关系，完全超越了传统城池的范围。

儒家经典中记载的都城和宫室制度相对要现实得多。禁城、皇城与城市有明确的层级秩序，宫殿、庙宇、市场和居民区方位关系明确，以禁城为核心的城市空间秩序井然。这类宫殿建筑的主要内容并不对外展示，外人无法窥见皇宫建筑的宏伟森严，因此沟通外界与禁城的"门""阙"等内容就成为皇宫建筑对外展示王权的主要信息渠道，因此"门"的形式、位置、层次就显得极为重要。据《春秋公羊传》的解释，"天子诸侯台门；天子外阙两观，诸侯内阙一观"，"阙"实际上就是门前的"观"，也就是瞭望台或岗楼，《风俗通义》有"鲁昭公设两观于门，是谓之阙"的说法。天子和诸侯在宫门前设"阙"的数量和位置都有不同规定。《周官》记载有"太宰以正月示治法于象魏"，这个"象魏"就是阙，《博雅》的解释很直接："象魏，阙也。"阙的作用本来是用以保卫宫城的岗哨，周代亦有"示治法"也就是颁布法令的作用，但在后代逐渐演变为仪式性设施，"阙"的实际功用后来被城门楼代替了，但阙的位置上遗留下的"华表"可以被看成阙的延续。

历代皇家禁城多数是四面辟门的，各方位上的门功用略有不同，但基本上都以南门为正门，因其在午时方向又称午门。隋唐以后，宫室建设都以周制为蓝本，建筑群沿主轴线南北展开，南部入口方向的空间序列就显得格外重要，空间层次也越来越复杂。以北京故宫南门为例，经由大清门、天安门、端门、午门、太和门才到达前朝太和殿。这里面午门是禁城正门，各门中它的体形最大、造型最复杂、等级最高，而且是举行很多重要仪式比如颁朔、出征、凯旋等的场所，因此虽然只是一座门，但它在故宫各建筑中的政治地位居于第二位，仅次于太和殿。

古代宫殿的宣传和教育机构

在中国古代的政治生活中，宣传和教育是头等重要的事情。宣传教育的最高机构往往是由帝王及其核心智囊亲自掌握的。因此，教育建筑的布置与帝都和皇宫往往具有某种逻辑上的关系。其中部分教育建筑就直接设在皇宫的核心部分。早在西周时期，国家就设有太学、明堂、辟雍等教育宣传机构。汉代推崇儒学，标志性举措就是建设明堂、辟雍。其中"太学"是国家最高的学府，晋武帝司马炎将太学改称为"国子学"，至隋代改称为"国子监"，直至清末。至唐代以后，全国性的教学体系逐步完善，建立了各级学院、考试院和相应的管理机构，统一归中央政府的"礼部"掌管。

这个全国性教育系统的底层设在县一级，任何人都可以参加被称为"院试"的县一级的选拔考试，通过考试的人被称为"秀才"，意思是"出众的人才"。成为秀才意味着进入了知识分子行列，可进入国立学校读书并享受免除徭役的待遇，甚至国家会提供每月的口粮以利于他们专心于学问。秀才们可以参加每三年一次的州府一级的考试，又称"乡试"。通过乡试的人称为"举人"。"举人"的意思即"推举给国家的人才"，这些举人获得两个资格，一是可以直接担任县令及以下的基层职务，另外还可以参加次年的全国性考试——"会试"。会试在首都举行，通过考试后即可参加由皇帝亲自命题和监考的"殿试"以确定名次，最后通过考试的人称"进士"，有"进入士大夫阶层"的意思。"进士"根据所学专业的不同，可以进入教学、研究机构成为"学士""大学士"或进入官僚机构成为国家官员。为适应这一制度，全国各县、府直至首都均建有与之配套的学校、考试院和教育管理机构。自从隋代确立科举制度后，科举考试的最后环节一直是由皇帝亲自主持的殿试，而殿试的考场通常就设在皇宫中。比如明、清故宫的核心建筑是三大殿，其中的保和殿在清代就是殿试的考场。

这些国家文化教育建筑在不同朝代内容不完全相同，与宫殿建筑的关系也不尽相同。在内容上通常会包括研究、宣传、教学、考试院及档案馆、图书馆等组成部分。这些建筑或多或少都与宫殿建筑有某种关系。有些直接设在宫殿建筑群内部，如故宫里面的皇家藏书楼"文渊阁"；有些则是与宫殿建筑具有某些几何构图上的关联，比如"国子监"。源自西周的明堂、辟雍等文教类建筑，在隋以后基本退出历史舞台，但"辟雍"仍作为一种传统符号保留在国子监的前院里。"辟雍"最重要的特征是主体建筑位于一个圆形广场中，广场的外围有一圈环形水面象征着"教化流行"。

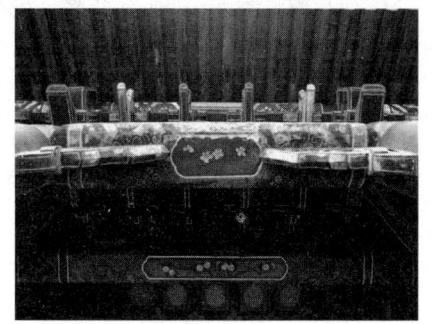

国子监的雕梁

与此相适应，诸侯或后期的地方学校则在前院里有一个半圆形水面称为"泮池"，含义与辟雍的环形水面相同，但规格降低一级。

知识链接

辟雍

所谓"辟雍"就是天子讲书的场所，如果是诸侯讲书则称为泮宫。《三辅黄图》中说周文王的辟雍在长安西北四十里，亦作璧雍，"如璧之圆，雍之以水，像教化流行也"。这种方法是筑造基坛作为建筑物周围的基座，周围环绕着流水，后来就成为孔庙建筑的样式，一直传至清代。

祭祀建筑及其他附属建筑

太庙和社稷坛、天坛、地坛等重要的祭祀建筑通常设在禁城以外，但和皇家宫殿建筑相邻且有着特定的位置关系。这些建筑与传统礼制有关，又称礼制建筑。不同朝代祭祀天地的天坛、地坛有时分有时合，多数情况下天坛在南郊，地坛在北郊，祀南北郊是帝王登基宣示于天地的大礼。太庙是皇家供奉和祭祀历代祖先的庙宇，社稷坛是皇家拥有江山社稷的象征，太庙和社稷坛与宫殿建筑联系最为紧密。《考工记》中谈到都城建设时即有"左祖右社，面朝后市"的记述，意思是太庙应该设在宫殿的左侧，社稷坛设在宫殿建筑的右侧。以皇帝南面而坐的视角来看，也就是将太庙建在宫殿建筑群主轴线的东边，而社稷坛则建在西边。北京故宫即遵循了这一制度。就连新中国成立后兴建的历史博物馆和人民大会堂也沿袭了这一传统，将历史博物馆建在主轴线东侧（故宫主轴线左侧），人民大会堂建在主轴线西边（故宫主轴线右侧）。

此外宫殿建筑群中尚有许多不同功用的辅助空间，不同时期内容也不尽相同。例如：作为皇家私立学校的"上书房"、作为皇家档案馆的"文渊

第二章 古代宫殿建筑的结构与审美

阁"、总管宫廷事务的"内务府",以至于"御药房""御茶房""徼事房"等无以数计的各类勤杂事务机构用房,在这里就不再逐一介绍了。

通过以上分析人们可以发现,中国古代的宫殿建筑功能之复杂、空间组织之烦琐、空间形式制度之严密在世界古代建筑史上是绝无仅有的,即便是最复杂的现代大型公共建筑也很少有在功能复杂性上与之相提并论者。

天坛

第三节
古代宫殿建筑的"天人合一"思想

在几千年的历史里,中国宫殿建筑格局几经变迁,从形制、结构技术到装饰手法都发生过根本性的变革。从中国宫殿建筑的变迁过程,我们可以看到前人追求建筑技术完善所作的不懈努力,看到对建筑形式完美的不断探索与变革。这种探索活动由追求单一宫殿建筑的完美发展到追求建筑群体关系的完美,进而追求宫殿建筑群与局部自然环境的相得益彰,最终发展到要求宫殿建筑成为联系人类社会与天地自然最重要的枢纽场所。所以中国宫殿建筑的形式变化能够集中而又直观地反映出前人对宇宙(天、地)理解上的变化,反映出不同时期人们对理想社会形态的不同设想。

宫殿建筑的"象天"思想

早期人类营造建筑环境时,面对纷繁复杂神秘莫测的自然环境,急于解决的问题是如何将人工的建筑环境从自然环境中独立出来。在没有其他资源可依赖的情况下,大自然本身是唯一的学习对象。"象天法地""道法自然"成为解决建筑环境问题的最好方式。中国传统文化则更加注重"天人关系",注重对天象的观察、模仿,并且认为天象与人事有某种关联性。其实对原始人类来说,观察、把握甚至模仿自然环境中某些规律性的现象是获取生存知识的唯一途径,"象天"行为并非中国古人所独有的学习方式。但由于中国农耕经济发展较早,并且主要依赖于农业经济,因而"天象"对古代中国经济、技术的发展至关重要,这就导致中国人似乎比其他民族更在乎人类社会与天地自然的关系。夜空可能是古人类所看到的最为复杂的事物,早期人类对天空的观察和模仿,不过是为了学着掌握一个复杂事物的规律性,进而按照某

第二章 古代宫殿建筑的结构与审美

种规律性制造自己的产品，从一颗圆珠到一个聚落，人类早期产品的原型均源于某种自然事物。这些早期直接取象于自然的手法，历经数千年的积淀，成为后世宫殿建筑环境设计要素的一部分。

中国传统观念认为，天子"代天牧狩"，具有对"天意"的解释权。宫殿、苑囿作为天子主要活动场所具有朝会、居住、祭祀和游猎等多重目的，除一般的物质功能之外，更具有沟通天际与人间关系的精神功能。要使人们信服这一点，帝王居所及活动场所就必须接近"天"并且具有某些"天界"的特质，于是""象天"对宫殿建筑环境来说是天经地义的并且是头等重要的事情。但是，要将"天"的特征用建筑的语言直接表达出来并让所有凡人都能够感受到，是件很不容易的事情。自然界的及国人意识中的"天"确实有自己的特征，有些直接可以看到，有些则需要细心体会。传统宫苑建筑对"天"的效法也有不同的方式，因而在不同时期产生并且运用了一些不同的宫苑环境处理手法。

第一类手法是模仿"天"的直观的外在形式，也就是模仿天、地的直观形状、尺度、态势或某种组成关系，本质上就是形式上的"象天法地"。这也是我国早期宫苑建筑设计所采取的手法，比如在苑囿布局上模仿星宿之间的关系，或将宫苑轮廓直接做成某个星座的造型，比如西汉长安城南、北城垣的平面形状就是直接模仿南、北斗形式，因而被称为"斗城"。再如天、地、日、月都是方形和圆形等几何形态的，天、地的尺度是高的、大的，"天"具有丰富、动感、升腾之势等直观特征，这些认识导致了单体建筑及建筑周围局部环境设计手法的产生，比如早期宫殿苑囿都具有巨大的尺度，建筑是高耸入云的台榭建筑，而建筑外部环境的处理则运用一些方形和圆形的几何构图。在中华文明的早期，最容易被人们接受的方案是从天地的形状、尺度、态势上模仿"天"的方法，也就是尽可能增加单个建筑的尺度，丰富其造型，用几何形态处理每个建筑的环境空间，作为建筑空间与自然环境之间的过渡。

第二类方法是对自然界某些内在特质的仿效。比如自然界在变化无穷的同时又能做到秩序井然，并且是自然而然地达到这一目标。这一点是古人对天"道"最深刻的认识，也是中国古代对建筑环境的最高理想。"象天法地"本来的目的也是效法"天地"的法则来建立人世间的秩序，那么，宫苑环境应该也可以在变化丰富的同时又具有某种便于人们把握的内在规律性，并且是很自然地、不露痕迹地展现出来。但实现这一目的在实际操作中有相当难度，这其中包含自由与秩序两个相反的目标，两者本身就有一定矛盾，要在

建筑环境处理中做到两者相辅相成而且让人体验到天地之丰富、深邃,势必需要极其高超的技巧,这是很难达到的目标。

正如《史记·天官书》的记载,在中国古代的分野理论中,与都城、皇宫、中央政治机构对应的是"紫微""太微""天市"三个星座,合称"三垣"。其中紫微垣对应于皇家宫殿,所以宫城又称"紫禁城"。紫微垣之"中宫""天极"(也就是北极星),是"太一长居也"。它居于天之中心,是"天帝"所居,自然是对应于人间"天子"所居的宫殿。其周边有群星代表文臣、武将、诸侯和后妃,其相对位置也就对应于各文武官署和后宫。这种布局方式一直延续数千年,直到明清故宫仍有所体现。更重要的是"三垣"与银河及各星宿之间的关系,也可成为宫殿建筑所表达的内容,通过这些相对关系进一步突出宫殿建筑的中心位置。

西周人曾经用一种方式回避了这一难题,那就是单纯强调空间的秩序感。比如将建筑及其环境做成几何形态,并通过轴线、平行、对称手法来组织、发展建筑环境空间。西周陕西凤雏村的周代宫室(或是宗庙)就是典型的实例。这一方案最大的优势在于可以和早期城市的里坊制空间结构高度契合,并且有一种非常重要的潜力,它可以通过轴线关系与皇家宫苑建筑所附属的坛庙建筑,亦即祭祀天、地、社稷、祖先的祭祀建筑形成良好的空间联系,并在空间结构上形成一个整体,进而将这一秩序发展到整个城市环境,进而引发人们这样的联想,即宫殿空间体系与天地自然的空间在秩序上具有某种默契。但是,在建筑空间理论和技术手法尚不完备的时代,这种几何化、秩序化的空间形态与人们直观印象中的"天地"宏伟而且自然形态多少有些矛盾。更重要的是,当时中国在建筑工艺材料方面还比较粗糙,这一手法的运用也还不太成熟,像凤雏村遗迹这样的建筑群外观上确实显得过于平实,尺度上也过于低调,对多数帝王(也包括多数西周的天子、诸侯)来说,实在是不足以显示其"代天牧狩"的权威。因此,直到唐代以后,这样强调天地秩序的建筑空间在思想理论和工艺技术充分发展的保障下才得以真正实现。

宫殿建筑"像天"的审美原则贯穿中国数千年的建筑发展史。其间虽有手法上的变化反复,但这一基本追求从未动摇。从最原始的石器时代聚落到明清北京故宫,其建筑布局无不着重于体现都城和皇家建筑上应天象的基本特征。

第二章　古代宫殿建筑的结构与审美

中国宫殿建筑与地理环境

建筑风格的形成取决于自然、经济、宗教文化等多种因素，特别是与特定地域的自然条件有着密切的关系，这一点在建筑发展初期尤其明显。史实证明，至迟在5000年前，有关宫殿建筑的基本技术和艺术手法已分别体现在各个史前文明的建筑之中。中原的自然环境条件以及由自然条件决定的发达的农业经济无疑成为夏、商两朝筛选和融合这些技术手法的重要依据。夏、商两代的建筑已经完成了"列柱围廊"式的单体建筑外观，已能自如地运用多种空间艺术手法，营造以宫殿建筑为核心的由门、廊、院和正殿组成的，通过主轴线组合起来的建筑空间体系。在技术方面改进了木结构屋架系统，完善了河姆渡人发明的榫卯结构，布设了工艺精致得令人难以置信的排水管网系统。在装饰方面沿用了源于龙山文化的白灰抹面做法，为保护木构件，发展了建筑木构件髹漆技术。所有这一切，都为后代的宫殿建筑奠定了技术基础。

中原地区的气候是非常适合于古代农业发展的，但人和庄稼对气候的要求并不完全相同，也就是说中原的气候并不舒适宜人。雨热同季的气候意味着夏季湿热，这种气候对于刚从冰川中走出来的人类来说是极不舒适的。于是中原的宫殿建筑在确保遮风避雨的前提下必须建造得轻盈、通透，有良好的通风条件，同时又能很好地遮蔽阳光。这样的要求并不算高，许多热带地区的民族非常简单的建筑都能满足这些条件。问题在于中原地区的冬季却又寒冷无比。由于受西伯利亚寒流的影响，中国黄河、长江中下游地区温度比起世界其他同纬度地区要冷得多。由于中国宫殿建筑的世俗性，作为一个民族建筑的最高代表，比起其他民族的神庙或教堂来说对居住舒适性的要求却是最高的。

为了解决舒适性的问题，中国古人对宫殿建筑的形式和技术作过反复探究。首先就是选址的问题，最好是冬天能够"避开"西伯利亚寒流，又要在夏天能够通风散热。中原地区冬季多西北风而夏季多东南风，故坐北朝南、背山面水就成为最理想的居住建筑基址。建筑本身如要解决潮湿和炎热的问题，必须高敞通透，最简捷的方案就是将房屋建在高高的台基上面，同时要有灵活的墙面，也就是墙面可以方便地拆装。为满足墙体灵活性的要求，中国古代建筑从一开始就只能选择木材作为结构材料，并采用木屋架结构，在这样的结构体系中除了柱子作为屋面的支撑，其余墙面都可灵活处理。

高台上的开敞的木构建筑，就是台榭建筑的准确注释。台榭建筑无疑解

四合院

决了夏季湿热的问题，但却是"高处不胜寒"。台榭式宫殿建筑不得不采取各种采暖设施，抵御来自西伯利亚的寒流。人们最早发现和使用煤炭就和台榭建筑的采暖有关。据记载，曹魏铜雀台中"北曰冰井台，亦高八丈，有屋百四十五间，上有冰室，室有数井，井深十五丈，藏冰及石墨焉。石墨可书，又然（燃）之难尽，亦谓之石炭"。合院式建筑的兴起与解决建筑舒适性难题也有一定关系。围合的院落和坐落在北面的大堂有利于挡住部分寒冷的北风，主要房屋的南面开敞，冬季阳光充足而夏季则南风通畅，屋檐下的敞廊和庭院中的树荫是夏季纳凉的最好去处。在合院式建筑中，庭院的重要性不亚于厅堂，但院落中的私密活动暴露在外人面前是不太雅观的，特别是在夏天袒胸露背的时候，所以中国的四合院建筑必须有影壁和多重门墙的遮蔽，这也成为促成宫殿建筑"三朝五门"制度的因素之一。

自然环境并非决定建筑风格的唯一因素，甚至不一定是最重要的因素，但在中原地区这种比较特殊的环境下，它确实发生了特殊的作用。在长江流域也有四合院式建筑，但它演化为狭窄高耸的"天井"，比中原地区的四合院更节约用地，而且高耸的天井有"拔风"的作用，利于夏季通风散热。由于中国传统文化对自然、对人与自然的关系极端地看重，中国宫殿建筑的发展就必然与自然环境有着各种不同层面的联系。

知识链接

宫殿与都城的关系

春秋以前，宫殿同都城的关系尚不是十分明了。自春秋至唐代，宫城大多在都城之中，宫城的一边或两边靠近城墙；有的则在都城外，靠着一

第二章 古代宫殿建筑的结构与审美

边城墙或一个城角；甚至有分建两城的。比如临淄齐城、郑韩故城、邯郸赵城、西汉长安城、东汉和北魏洛阳城、曹魏邺城、隋唐长安城和洛阳城等的宫城或宫殿区，都是这样的。从北宋起，北宋开封城、金中都、元大都城、明中都、明清北京城、宫城都处在都城之中，四面为城区所包围。

自春秋至汉代，都城内均有多座宫殿，宫殿之间为居民区。自曹魏邺城起，宫殿开始集中于都城北部，同居民区隔开，宫前干道两侧布置衙署，形成都城的南北轴线。至唐时的长安城，发展成宫城在全城中轴线上，后来宋汴梁城、元大都城、明清北京城都继承了这种格局。

宫殿建筑中的"风水观"

对于象征"天命"的都城和宫殿建筑而言，"藏风聚气""临水居澳"之类原则首先被放大到整个"天地之间"。皇宫的规划设计与国土规划、都城规划衔接起来，经过严密的论证，它的每个细节都被纳入整体的宇宙大框架之中，成为其中有机组成部分。在北京和明清故宫的规划设计中清晰地体现了这样的思路。

周、秦、汉、唐四代王朝首都在关中的长安，关中乃"四塞"之地，有"百一之利"，无疑是风水宝地，但这些有利条件都是相对中原而言的，考虑的是局部的形势，缺乏胸怀天下的"王气"。且关中地区偏安一隅，地域窘迫，到经济繁荣人口众多的唐代已是不堪重负。相对关中而言，北京所处地域开阔，"北倚山险，南控区夏，若坐堂皇，俯视庭宇"，它的地利是对全中国而言的。北京作为中国封建时代的帝都经历了京中都、元大都、明清北京三个阶段，历经800余年。它所依托的燕山山脉正是"北乾龙"的正脉。左有泰山为"青龙"，右有华山为"白虎"，前有嵩山为"朱雀"，且有江淮、江南、华南层层山脉为"案山"。帝王在此，依昆仑之正脉，可北控燕、代，南面而治天下。根据"分野理论"，此地对应于"紫微垣"，乃天地之枢纽、帝王的象征，以此地建都无疑是上应天象、下合地理、中得人心。这个布局

囊括天地,气吞山河,具有在整个中国至高无上的形胜之势。至于北京城的周边环境则是北依居庸关、南面永定河、西有昆仑之北乾龙直达西山、东有坛山等群山据守青龙,背山面水"藏风聚气",局面也是无可挑剔。故宫本身则在北面建有景山、南面开凿玉带河建金水桥,使得宫殿、城池与自然山川衔接一气。中国传统地理学特征,以及其中包含的环境美学思想在此得到了最充分、最完美的体现。

在中国宫殿建筑中,从屋脊上的兽吻、垂兽到梁枋彩绘甚至台基上的纹饰都具有风水学意味。但中国传统建筑同时也是最"干净"的古代建筑,所有这些装饰物都具有结构或构造功能,同时也具有装饰作用。

宫殿建筑与礼制等级秩序

尽管不同时期人们对礼制的理解和表现不完全相同,但礼制在社会结构秩序上的体现是相似的,衣食住行都能体现一个人在这个结构中的位置,在建筑上当然体现得更为直观。在中国传统建筑中,礼制的规范可以说是渗透到了每一个"细胞"之中,从选址、布局到建筑的造型、结构、构造、装饰、色彩,处处都有礼制上的要求。这些规范更多地体现的是天人关系上的礼制规范。而礼制在人与人或个人与社会的关系上,最直观的建筑表现就是"门堂"的规格制度了。

这种"门堂制度"在宫殿建筑中的终极体现就是"三朝五门"制度。在宫殿建筑中,由"门"到"堂"也就是由第一座门到正殿的空间深度当然是其他建筑无法比拟的。例如北京故宫,在抵达太和殿之前,需要经过大清门、天安门、端门、午门、太和门共五座门之后才能到达太和殿前广场。各门之间的空间形态各异:有的压抑有的舒缓,有的庄严有的亲切,有的枯燥乏味有的丰富美观。经过这一系列空间体验的"教化"之后,再顽固的头脑也会臣服于"王道"之下了。

宫殿建筑是普天之下礼制体系中等级最高的建筑群,但并非宫殿建筑中的每个建筑等级都高。在宫殿建筑群中,所有建筑共同组成一个完整的制度体系,每个单体建筑都有各自不同的等级地位。后宫中的居民有君臣上下之别,前朝的天子与众臣也有等级贵贱之分,宫殿建筑在形制上必须准确地反映这种礼制秩序。一座宫殿就是一个完整的"天下礼制"的实体模型,在建筑形式与细节上对这样的等级规定详细而且具体。从位置上来说,中轴线上

的建筑等级比两侧高,"前殿"等级比"后宫"高,而每座房屋根据用途和使用者的地位不同都有不同的等级地位。

建筑的礼制体现于各个不同层面,从而构成了一个完整的建筑礼制体系,将"普天之下"的建筑纳入其中。但这个体系却没有想象的那么刻板,在这个等级森严的框架中,它仍然给予大家足够的自由发挥的空间。原因在于这是一个以"空间"为核心的建筑体系,它具有足够的包容能力,可以包容足够多的个性化的元素。

知识链接

宫室和宫殿

过去人们常把"宫室"放在一起连称,其实二者是有区别的。"宫"和"室"的区别在于宫是有套间的房屋,后来发展为指多间建筑组成的建筑,最后才用来专指帝王的居室。"殿"愿意就是"臀",处于人体下部,所以有居于尾部的意思,如比赛的最后一名称"殿军",撤退走在最后叫"殿后";同时又有坐镇的意思。高大的房子一般地基都较高,房子如同坐在上面,所以也叫"殿"。另外寺庙中供奉佛像的地方也叫作殿,如"大雄宝殿"。宫也可指寺庙,后来专指道教庙宇,如北京的蟠桃宫、万寿宫、文昌宫等。

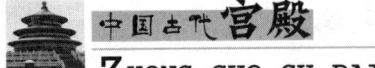

第四节
中国宫殿建筑的审美特征

作为帝王生活起居和国运、国脉所系的建筑空间,宫殿建筑的审美特征,基本上可以用"大"与"壮"二字加以概括。

古代宫殿的总体布局

宫殿建筑的总体布局,都是附会了封建统治的礼制来加以规划的,因而具有森严的等级秩序和肃穆的阴阳术数,体现出独特的审美特征。

首先,宫城的选址,必须有助于王气的涵养生发。如汉唐的宫殿,均借龙首原之气脉以助威仪,自然非同凡响。所以,班固的《西都赋》赞美长安宫殿:"体象乎天地,经纬乎阴阳,据坤灵之正位,仿太紫之圆方。"颜真卿的《象魏赋》赞美长安宫殿:"浚重门于北极,耸双阙以南敞,夹黄道而嶷峙,干青云之直上,美哉!真盛代之圣明也。"

宫址既经选定,建筑物的布局安排、空间的转换组织等,又必须依照礼制的等级秩序加以具体布置。无论周和隋唐以后的三朝制度,还是汉魏的东西堂制度,大体上按照中轴线作左右对称、层层进深的布局,前朝后寝,左祖右社,秩序井然,气氛森严,拱卫朝揖的皇家威仪,凛然有条不紊。从宋代开始,又在皇宫正门前设千步廊,建立一定的环境气氛。

除封建等级秩序外,古代宫殿的总体布局同时还体现了古代的阴阳术数思想。如故宫外朝属阳,因此外殿的宫殿布局采用奇数,称"五门三朝之制";而内廷属阴,因此内廷的宫殿布局采用偶数,称"两宫六寝"。又如东方属木,色青,生化过程为"生",所以宫殿东部的文华殿、南三所等,多用绿色琉璃瓦覆顶,且多用作太子读书之所;西方属金,生化过程为"收",所以从汉代开始,太后、太妃的寝室多置于西侧,故宫寿安宫、寿康宫、慈宁宫相沿不改;而赤色志喜,所以宫墙、檐墙以至门、窗、柱、柜的髹漆一律用红色等。

古代宫殿的单体结构

宫殿是由众多单体建筑有序组合而成的一个大建筑群,其总体的布局固然合乎等级秩序和阴阳术数,从而体现了大壮的审美特征;其单体的结构同样合乎等级秩序和阴阳术数,从而体现"大"与"壮"的审美特征。

布置在轴线不同位置的各单体建筑,因其功能的不同而各有不同的形制、体量。而它们的具体结构部件,不外乎基座、踏道、开间、斗拱、屋顶形式、装饰彩画等。

中国古代建筑多为木结构,宫殿建筑亦不例外。而木构建筑的一个"缺

故宫太和殿

陷"，就是不能十分高耸，因此，为了体现宫殿建筑有别于一般建筑的高大、威严，就需要利用基础、踏道来抬高提升。

基座，最早时为夯土台，以高度不同而区分坐落于其上的建筑物的等级，目的不仅是为了保护建筑的基础，更为了显示建筑物的崇高庄严。元代李好问曾发出这样的感叹："予至长安，亲见汉宫故址，皆因高为基，突兀峻峭，奉然山出，如未央、神明、井干之基皆然，望之使人神志不觉森悚，使当时楼观在上又当何如？"足以说明崇台峻基所予观者对于整个建筑物的印象，是何等的雄伟深刻。至后世建筑技术发达，宫殿建筑的基座改为砖石雕砌，可以分为表面平直的普通基座、带石栏杆的较高级基座、须弥座式带石栏杆的高级基座和三层须弥座式带石栏杆的最高级基座四等。根据礼制的规定，后两种只有殿式建筑才能使用，前两种则为公侯、士民所可通用。反映在宫殿实物的遗存中，如故宫太和殿的基座便为三层须弥座式带石栏杆的最高等级，高达8米多，从而进一步烘托了大殿的雄伟崇高、至高无上；其他殿堂建筑，则依据其等级的不同，分别用高级、较高级、普通3种不同的基座。

踏道，是建筑物出入口处供进出时蹬踏的建筑辅助设施，最常见的为台阶式踏跺，分为4个等级。普通踏跺从大到小、由下而上将大小不一的石块叠砌便成，可三面上下，多用于次要建筑物或主要建筑的次要出入口处。较高级的踏跺两侧带垂带石，只能一面上下，且拾级稍高，用于较高级建筑物的出入口处。更高级踏跺，在垂带石上加石栏杆，且拾级更高，用于更高级建筑物的出入口处。最高级踏跺，则以垂带石加石栏杆的台阶与雕龙刻凤的斜坡道相结合，且往往三阶并列或分列，正中的斜道为皇帝通行的御路神道，两边的台阶则是大臣进退的阶梯。如故宫太和殿前的踏道即是如此，从而对于大殿的庄严神圣，起到了极大的渲染作用。

开间，是由四根柱子围成的空间，是中国古代建筑空间组成的基本单元。一般迎面的叫面阔，一座建筑物迎面横列10根柱子，就是九间；纵深亦叫进深。在平面组合中，绝大多数开间是单数，取其吉祥的寓意；又糅合了等级制度，开间越多，等级越高，且以九、五来象征帝王之尊，尤以九为极数。所以，在宫殿建筑中，最高级别的单体建筑物多以面阔九间为最大。如北京故宫太和殿、太庙大殿，在明代均为面阔九间，入清后扩展到十一间，气势极其恢宏；除宫殿外，一般不允许建造面阔九间的建筑物。

斗拱，是中国古代木构架建筑的特有构件，其工程技术上的作用主要有三：一是支撑巨大的屋顶出檐，减少室内大梁的跨度；二是将屋顶和上层构

第二章　古代宫殿建筑的结构与审美

架传下来的荷载传给柱子，再由柱子传给基础；三是用作装饰的构件。其结构，方形的叫斗，弓形的短木叫拱，斜置的长木枋叫昂，斗拱逐层铺作，造型精巧而有序，复杂而美观。斗拱的大小与出挑的层数有关，层数越多，等级越高，作为等级制度的象征和建筑尺度的衡量标准，专用于殿式建筑。而在同一座宫殿建筑中，各单体建筑物的级别，有斗拱的高于无斗拱的，斗拱多的高于斗拱少的。如北京故宫天安门城楼的下檐为五踩斗拱，上檐用七踩斗拱；而太和殿的下檐用七踩斗拱，上檐用九踩斗拱。

　　屋顶形式，有四坡五脊的庑殿顶、四坡九脊的歇山顶，以及悬山、硬山、攒尖、盈顶、卷棚多种形制，又有单檐、重檐之别，千变万化，瑰丽多姿。不同形式屋顶的有序组合，不仅是考虑到节奏上的跌宕起伏，从而使森严庄重的总体平面布局在立面空间显示出生命的律动，同时还体现了不同的等级秩序。重檐庑殿顶气派恢宏，用于最高级的建筑物，如北京故宫的太和殿、乾清宫、坤宁宫等；重檐歇山顶恢宏而兼玲珑，用于次高等级的建筑物，如北京故宫的保和殿、太和门等；单檐庑殿顶气派恢宏但稍逊于重檐，用于第三等级的建筑物，如北京故宫的体仁阁、弘义阁、华英殿等；单檐歇山顶恢宏玲珑但稍逊于重檐，用于第四等级的建筑物，如北京故宫的东曲六宫（景阳宫、咸福宫除外）；悬山顶庄重大方，用于第五等级的建筑物，如北京太庙的神厨、神库；硬山顶庄重朴素，用于第六等级的建筑物，如北京故宫的保和殿两庑；攒尖顶、盘顶、卷棚顶各以奇巧雅致为胜，分别用于第七、八、九等级的建筑物，如北京故宫的中和殿、钦安殿、古华轩等。不同形制、等级的屋顶，多做成屋檐翘起的飞檐的形式，从实用的角度，可以加强采光、防止风雨；从审美的角度，可以助长建筑物飞扬轩昂的气势。高级的建筑物，多用琉璃瓦覆顶，色彩辉煌炫耀，同样有助于显示壮丽的气派；而低级的建筑物，则用灰瓦覆顶，色彩比较单调，借以衬托主体建筑物的级别。高级屋顶的脊上，还辅以琉璃瓦饰，正脊上用吞脊兽，又称鸱吻、鸱尾、大吻等，用以保护不同坡面的相接处不致渗雨，同时又合乎消灾灭火的观念，象征建筑物至高无上的等级权威，还可以起到装饰美化的作用。垂脊上有垂兽，戗脊上有戗兽，统称为兽头，主要用作等级权威的象征和造型审美的装饰。翘起的飞檐上常排列一队小兽，大小多少由建筑物的等级所决定，最高等级的为11个，以骑凤仙人领头，而后依次为龙、凤、狮、天马、海马、狻猊、狎鱼、獬豸、斗牛、行什，多为传说中的吉祥动物。如北京故宫太和殿飞檐的瓦饰便是如此，而乾清宫的地位次于太和殿，因此檐兽的型号比之缩小一号，

数目也减少1个；坤宁宫地位又低一些，因此檐兽的型号又缩小一号，数目则减少3个。

古代宫殿的室外陈设

古代宫殿的室外陈设，除一部分具有实用的或礼教的功能外，主要是为了烘托宫殿所特有的王权气派。由于宫殿建筑，尤其是前朝部分的建筑，具有强烈的礼教性质，因此，必须在建筑物的室外空间布置一部分器物，供朝会时的仪式典礼所用；同时，这部分空间气氛的营造，为了避免来自自然的干扰，多不植树木。因此，又需要布置一部分具有标志性的建筑物，用以调节空间节奏，同时也起到烘托王权气派的作用。常见的宫殿室外陈设器物、建筑物，主要有华表、石狮、嘉量、日晷、吉祥缸、江山社稷亭、铜路灯、香炉、铜龟鹤等。

华表为成对的立柱，起标志或纪念性的作用。汉代称桓表。元代以前，华表主要为木制，上插十字形木板，顶上立白鹤，多设于路口、桥头和衙署前。明以后华表多为石制，下有须弥座；石柱上端用一雕云纹石板，称云板；柱顶上原立鹤改用蹲兽，俗称"朝天吼"。华表四周围以石栏。华表和栏杆上遍施精美浮雕。明清时的华表主要立在宫殿、陵墓前，个别有立在桥头的，如北京卢沟桥头。明永乐年间所建北京天安门前和十三陵碑亭四周的华表是现存的典型。石狮或铜狮多用于古代宫殿和王公官僚府第衙门的大门两旁，具有威镇八方、鼠蛇畏慑之意，象征封建统治的威严尊贵，其造型亦有等级的规定，如北京故宫太和门前的双狮，体形高大，神态安详，雄狮蹄下踏彩球，象征寰宇一统，雌狮蹄下踏小狮，寓意子嗣昌盛。

嘉量是古代的标准量器，如北京故宫太和殿前置一方形嘉量，乾

北京古观象台日晷

第二章　古代宫殿建筑的结构与审美

清宫前置一圆形嘉量，用以表示帝王的秉事公正。

日晷是古代的一种计时器，北京故宫太和殿前置一日晷，作为室外陈设品，目的不在于计时，而在于象征王权，表示皇帝控制着宇宙的时间。

吉祥缸又称门海，根据术数的观念，门前有大海就不怕火灾，北京故宫各殿的丹墀两边和殿庭的红墙外侧，大殿广场的四角，以至后宫的东西长街，多置有不同大小的吉祥缸，以金属制成，内贮清水，尤以前三殿等重要殿堂前，放置最大的镏金铜缸，金光熠熠，造型或古朴或厚重，陪衬出宫殿的气宇轩昂，富丽堂皇。而东西宫等处的建筑物级别较低，所以放置较小的铜缸或铁缸。

江山社稷亭往往做成金殿的形制，造型庄严而做工精致，如北京故宫乾清宫丹墀的东西两侧均于石台上置一仿木结构的镀金江山社稷亭，用以显示并提醒皇帝的尊贵和权威。

铜路灯在北京故宫的许多殿堂前、宫门旁都有陈设，下为汉白玉座，上设铜质重檐攒尖四方形灯箱，白天可以起到装饰作用，夜间具有照明的实用价值，明清两代定制，铜路灯只能置于紫禁城，别处不得僭用。

香炉供朝会典礼时使用，如故宫太和殿丹陛上的鼎式铜香炉，每遇大朝时燃烧檀香、松枝于其中，使整个宫殿香烟缭绕。

铜龟鹤象征长寿，故宫太和殿丹陛上的铜龟、铜鹤，造型写实而有仙风道骨，对于宫殿空间环境气氛的渲染，也是必不可少的点缀。

知识链接

影壁

　　影壁是指建在院落的大门内或大门外，与大门相对作屏障用的墙壁，又称照壁、照墙。影壁能在大门内或大门外形成一个与街巷既连通又有限隔的过渡空间。明清时代影壁从形式上分有一字形、八字形等。北京大型住宅大门外两侧多用八字墙，与街对面的八字形影壁相对，在门前形成一个略宽于街道的空间；门内用一字形影壁，与左右的墙和屏门组成一方形

小院，成为从街巷进入住宅的两个过渡。南方住宅影壁多建在门外。农村住宅影壁还有用夯土或土坯砌筑的，上加瓦顶。宫殿、寺庙的影壁多用琉璃镶砌。明清宫殿、寺庙、衙署和第宅均有影壁，著名的山西省大同九龙壁就是明太祖朱元璋之子朱桂的代王府前的琉璃影壁。北京北海和紫禁城中的九龙壁也很有名。

山西大同九龙壁

古代宫殿的室内装修

从宫殿建筑技术上来说，主要是官式大木作法，这在官方颁行的宋《营造法式》和清《工部工程做法则例》等典籍中都有明确的规定。如果崇尚侈华细靡，那么就会使宫殿的永恒形象受到影响，如金世宗所说："宫殿制度，苟务华饰，必不坚固，以此见虚华无实者不能经久也。"然而，这并不说明不重视宫殿内的装修。实际上，不管是秦汉还是唐朝，抑或是明清的宫殿建筑，它们都重视其气势，与此同时，也会适当地调动小木装修和摆件陈设的精巧手段。所以，在文献中所记载的那些出色的宫殿建筑，不仅有着壮观雄伟的气势，而且内部也多雕梁画栋、华榱璧趋、悬绶绣幔，非常考究，这使得宫殿内部充满了皇家的豪华气氛。

通常来说，宫殿室内的装修种类非常多，如金砖墁地、藻井、彩画、屏风、太平有象、角端仙鹤、盘龙香筒、如意……在这种情况下，那些私家园林或者是府邸中常见的小木作法，并不是特别适合应用在宫殿建筑中。

金砖墁地采用专为皇宫烧制的细料方砖以严格的工艺铺墁而成，用于宫殿中最高等级的建筑物。例如，北京故宫太和、中和、保和三殿的地面就是用特制的"金砖"铺墁，敲之有声，断之无孔。另外，在铺墁的时候要求有严格的工艺，先经砍磨加工，这样就可以使墁好的表面严丝合缝，也就是

"磨砖对缝"；然后抄平、铺泥、弹线试铺；最后刮平，浸以生桐油，才算完工。

藻井施于宫殿宝座上方的天花板，其最初的含义是厌胜避火，而后来则专门用来指官式建筑的内顶装饰，在雍容华贵中体现出了威严雄伟。

彩画原是为了防止木结构腐朽的一种髹漆手段，后来才衍变成为装饰的艺术。至宋代以后，宫殿建筑的室内装饰几乎没有不用彩画

象牙屏风

的。根据礼教的等级制度，最高级的建筑物用和玺彩画，如北京故宫的太和、中和、保和三殿和乾清、坤宁二宫，其特点是以两个横向的W括线分割画面，绘以龙凤图案，间补以花卉，大面积地堆金沥粉，产生金碧辉煌的效果，渲染出皇家的气派。次高级的建筑物用旋子彩画，如故宫的南薰殿、长春宫等。其特点是以横向的V括线分割画面，画面有时绘龙凤图案，但比较单调，间补花卉，全以旋式组成，仅在主要部位贴金，甚至一点不贴金。第三种苏式彩画，品级更低，但布局灵活，绘画的题材有一定的选择自由，如北京的东西六宫，多绘人物故事、山水花鸟。品级再低的建筑物，则不施彩画装饰。

屏风是室内陈设的家具，但宫殿中所使用者，多以名贵材料制成。如在西汉的宫廷中，曾使用过璀璨斑斓的云母屏风、琉璃屏风和杂玉龟甲屏风等。后世还出现过珐琅屏风、象牙屏风，无不价值连城。非以帝王之尊严，绝不可能占有，而非以宫殿之大壮，也绝不可能容纳。反过来，高贵的屏风，也正为帝王的尊严、宫殿的大壮，起到了衬托的作用，其意义完全是超出实用价值之上的。

太平有象，经常陈设在朝会大殿内皇帝宝座的旁边，以各种质料做成。如北京故宫太和殿宝座旁陈设的一对太平有象，以铜胎珐琅嵌料石，象身高大庄严，体躯粗壮，性情温柔，稳健的四蹄直立基座上，象征着社会的安定和政权的巩固，身上驮一宝瓶，内盛五谷和吉祥之物，寓意天下太平、五谷丰登，所以名太平有象。

角端仙鹤为象征圣明永久的瑞兽珍禽，盘龙香筒用以显示天下大治，如

意寓意吉祥，诸如此类的工艺品，在朝殿、寝宫中多有摆设。大多用料名贵，制作精细，对于宫殿室内空间氛围的点缀，起到了重要的作用。

如上所述，宫殿建筑的审美特征，无论是出于礼教的实用目的包括精神和物质两方面的功能，还是出于术数的比附观念，都是围绕着壮阔之美的创造这一中心任务而层层展开、层层落实的，最终为朝会制度的举行构筑出一个最理想的礼教空间环境。

华丽的喧嚣——历史上的宫殿

　　古代建筑是中国传统文化的重要组成部分，而宫殿建筑则是其中最瑰丽的奇葩。不论在结构上，还是在形式上，它们都显示了皇家的尊严和富丽堂皇的气派，从而区别于其他类型的建筑。几千年来，历代封建王朝都非常重视修建象征帝王权威的皇宫，形成了完整的宫殿建筑体系。

第一节
大国巍峨，天朝上宫

河南安阳殷墟

殷墟是我国奴隶社会商朝后期的都城遗址，它位于河南省安阳市区西北小屯村一带，距今已有3000多年的历史。因为这里出土了大量的甲骨文和青铜器，所以闻名海内外。

殷墟遗址

殷墟占地面积约为 24 平方公里，大致分为宫殿区、王陵区、一般墓葬区、手工业作坊区、平民居住区和奴隶居住区。从城市的规模、面积、建筑，以及出土文物的数量和精美程度来看，它当时不仅是全国最大宗庙遗址，还是东方的政治、经济、文化中心。1987 年，在洹水岸边修建了殷墟博物苑，其正好地处殷墟的宫殿区遗址上。从其形态和结构上来说，它依照甲骨文的"门"字形，用几根雕有商代纹饰的木柱和横梁结构建造而成。苑中建筑完全以原有建筑的遗址为基础，每座建筑都是采用重檐草顶，夯土台阶，檐柱上雕以蝉龙等纹饰图案。殷墟博物苑不仅将殷代宫殿的布局与建筑充分体现出来，而且还具有园林特色，成为旅游胜地。

秦咸阳宫

咸阳宫为中国秦代宫殿，位于今陕西省咸阳市东。公元前 350 年，秦孝公迁都咸阳，开始营建宫室，秦昭王时，咸阳宫已建成。在秦始皇统一六国过程中，该宫又经扩建。据记载，该宫"因北陵营殿"，为秦始皇的执政之所。秦末，项羽入咸阳，屠城纵火，咸阳宫被夷为废墟。在秦始皇之前，咸阳都城宫殿已具有相当大的规模。秦始皇统治时期又进行大规模扩建，都市和宫殿建筑更加辉煌。

咸阳宫在咸阳城内偏南，从挖掘出的遗址来看，咸阳宫是一座土心建筑。它是在自然形成的土山的四周建成楼阁式样，中心为土心，也就是说每个房屋的后墙都是土心。各层楼间都是从四面挖开的，每个房屋前檐用木材装修，安装木门窗，其上铺半坡形的瓦顶，其外观如同楼阁。

在实质上，这种做法就像石窟檐。咸阳宫内在外檐的中心部用土，也就是削直的土心。这种做法自古就有，早期建筑常常采用这种做法。

各室内的后墙壁也用木柱贴于后墙土心。从挖掘的状况来看，壁体的边部留有许多柱槽，柱槽是直立的，平面是方形的。当年木柱即立于柱槽中。墙面抹上白灰，进门有台阶的痕迹，还有下水管道的痕迹。

遗址中还出土有卷头铁钉，长 10 厘米，断面为方形，到尖端逐步成为圆锥体。出土的构件中还有铁制合页，有三铰二铰的式样。除此之外，还有铁制门轴。

咸阳宫并非一座，而当年的咸阳宫更是成组的建筑群。其宫殿建筑大致可以分为三组：渭北组，由翼阙、咸阳宫、兰池宫等组成；渭南组，由兴乐

宫、信宫和阿房宫等组成；六国宫殿组，在咸阳宫的西侧，为六国宫室。秦始皇时期的宫殿建筑也以这几座宫殿最负盛名。

陕西西安阿房宫

秦始皇在统一六国之后，在骊山修建了一座豪华宫殿，也就是阿房宫。它于公元前212年开始建设，遗址在今陕西西安西郊15公里的阿房村一带，是全国重点文物保护单位。杜牧曾经写过《阿房宫赋》，在他看来，这座宫殿是被项羽所烧。而清代画家袁耀也曾绘制过《阿房宫图》。事实上，秦朝时期，这座宫殿只是完成了地基，并没有被火焚烧。另外，项羽所焚烧的是咸阳宫，而不是阿房宫。

据《史记·秦始皇本纪》记载："前殿阿房东西五百步，南北五十丈，上可以坐万人，下可以建五丈旗，周驰为阁道，自殿下直抵南山，表南山之巅以为阙，为复道，自阿房渡渭，属之咸阳。"我们可以想象出"其规模之大，劳民伤财之巨"。在秦始皇死后，秦二世胡亥继续主持修建。唐代诗人杜牧在《阿房宫赋》中写道："覆压三百余里，隔离天日。骊山北构而西折，直走咸阳。二川溶溶，流入宫墙。五步一楼，十步一阁；廊腰缦回，檐牙高啄；各抱地势，勾心斗角。"这足以说明，当时的阿房宫确实是非常宏伟壮观的建筑群。楚霸王项羽军队入关以后，因为恨透了秦朝暴君，于是就将秦朝皇帝遗留下来的建筑物焚烧完。

阿房宫前殿遗址

在阿房村南附近，有一座大土台基全用夯土筑起，当地人称为"始皇上天台"。而在阿房村西南附近，夯土迤逦不断，也形成一长方形台地，当地人称为"坞岭"。据考证，这两处遗址足以说明了阿房宫遗址的存在。

阿房宫被认为是中国历史上最大的宫殿。据《史记》记载，秦始皇统一中国后，认为

第三章 华丽的喧嚣——历史上的宫殿

自己的丰功伟绩可以与三皇五帝相媲美，所以开始为自己建设更好的宫殿群落。他认为规模较小的咸阳宫并不能展现自己君临天下的威仪，所以在始皇三十五年（公元前212年），他下令在王家园囿上林苑所在的渭河之南、皂河之西建造规模庞大的宫殿群落。在此之后，以阿房宫前殿为中心，在周围建造了多座离宫别馆。而这些宫室之间则以"空中走廊"连接。而阿房宫的大门则是在山顶所建的宫阙。

历史上形容秦始皇构建的宫室为"遍及咸阳内外二百里，共二百七十座，复道相连"。但是阿房宫为最大的宫殿群落是毋庸置疑的。在建造工程浩大的阿房宫之后，秦朝开始由盛转衰。

从咸阳宫到阿房宫，宫殿一脉相连，中间横渡渭水，就好像是星象中阁道绝汉抵营室。当然，这是秦始皇有意为之的。在中国古人看来，天国高于人间，但是与人间一一对应。天国中，天帝有着自己的宫殿，而人间中也有。星象中的许多星宿，是以宫殿的意义命名的。所以，中国历代宫殿的形制和命名通常与星象有关。

 知识链接

阿房宫赋

杜牧（公元803—852年）是唐代杰出的诗人，散文家。曾官至黄州、池州、睦州刺使等职。《阿房宫赋》是杜牧创作的一篇散文，遣词用字无比华美，思想深刻见骨，是脍炙人口的经典古文之一。杜牧在《阿房宫赋》中，通过描写阿房宫的兴建及其毁灭生动形象地总结了秦朝统治者因为骄奢而亡国的历史教训，向唐朝统治者发出了警告，表现出一个封建时代正直的文人忧国忧民、匡世济俗的情怀。

六王毕，四海一，蜀山兀，阿房出。覆压三百余里，隔离天日。骊山北构而西折，直走咸阳。二川溶溶，流入宫墙。五步一楼，十步一阁；廊腰缦回，檐牙高啄；各抱地势，勾心斗角。盘盘焉，囷囷焉，蜂房水涡，

蠢不知其几千万落。长桥卧波，未云何龙？复道行空，不霁何虹？高低冥迷，不知西东。歌台暖响，春光融融；舞殿冷袖，风雨凄凄。一日之内，一宫之间，而气候不齐。

妃嫔媵嫱，王子皇孙，辞楼下殿，辇来于秦，朝歌夜弦，为秦宫人。明星荧荧，开妆镜也；绿云扰扰，梳晓鬟也；渭流涨腻，弃脂水也；烟斜雾横，焚椒兰也。雷霆乍惊，宫车过也；辘辘远听，杳不知其所之也。一肌一容，尽态极妍，缦立远视，而望幸焉。有不得见者，三十六年。燕赵之收藏，韩、魏之经营，齐、楚之精英，几世几年，剽掠其人，倚叠如山。一旦不能有，输来其间。鼎铛玉石，金块珠砾，弃掷逦迤，秦人视之，亦不甚惜。

嗟乎！一人之心，千万人之心也。秦爱纷奢，人亦念其家。奈何取之尽锱铢，用之如泥沙？使负栋之柱，多于南亩之农夫；架梁之椽，多于机上之工女；钉头磷磷，多于在庾之粟粒；瓦缝参差，多于周身之帛缕；直栏横槛，多于九土之城郭；管弦呕哑，多于市人之言语。使天下之人，不敢言而敢怒。独夫之心，日益骄固。戍卒叫，函谷举，楚人一炬，可怜焦土！

呜呼！灭六国者，六国也，非秦也。族秦者，秦也，非天下也。嗟夫！使六国各爱其人，则足以拒秦。秦复爱六国之人，则递三世，可至万世而为君，谁得而族灭也？秦人不暇自哀，而后人哀之；后人哀之而不鉴之，亦使后人而复哀后人也。

西汉未央宫

未央宫是汉代新创的第一宫。汉高祖七年（前200年），萧何主持建造未央宫与建章宫，其规模庞大。萧何以创造性的手法来建造西汉长安未央宫和建章宫。当未央宫建成以后，萧何对皇帝说："天子以四海为家，非令壮丽不可以重威。"这两组大宫殿，主要以杨城延为主负责技术，同时杨城延还主持规划长安城。其遗址位于今陕西西安西北约3公里处。

未央宫周长达14公里，地点在长安城外西南。未央宫分六大区，殿宇甚多，皇帝与皇后住在椒房里。

前殿：东西长150米，深15米，高达百米；以龙首山为台，并高出长安城。以木栏为檐枋，用文杏做梁柱，室内壁均贴以铜饰。门上用金饰、玉环点缀；斗拱镶金玉，雕刻极精；重檐雕琢也很丰富，重檐三阶；闺房四面都有廊子围绕，建立铁人作为装饰。

未央宫遗址

宣殿：为各代皇帝的正寝，皇帝常到这里主持政务。

温室：这个宫室在冬日可以取暖，所以房间极暖，故名。

椒房：用花椒粉涂壁，室内香味扑鼻，同时做香柱、安设大屏风，又有绿毡和罗帐。

清凉台：夏日天热，室内经过处理，非常凉爽。用画石做床，并带有花纹，不过这个石床过于凉爽，不可经常使用。

柏梁台：台子高达60米，用柏木做梁，柏木甚香，香味四溢。

西汉建章宫

建章宫是汉武帝刘彻于太初元年（公元前104年）建造的宫苑。《三辅黄图》载："周二十余里，千门万户，在未央宫西、长安城外。"武帝为了往来方便，跨城筑有飞阁辇道，可从未央宫直至建章宫。建章宫建筑组群的外围筑有城垣。

建章宫周长达十几公里，建在汉长安城的正西南。从建章宫的布局来看，从正门圆阙、玉堂、建章前殿和天梁宫形成一条中轴线，其他宫室分布在左右，全部围以阁道。宫城内北部为太液池，筑有三神山，宫城西面为唐中庭、唐中池。中轴线上有多重门、阙，正门曰"阊阖"，也叫"璧门"，高83.3米，是城关式建筑。屋顶上有铜凤，高1.7米，饰黄金，下有转枢，可随风转动。在璧门北，起圆阙，高83.3米，其左有别凤阙，其右有井干楼。进圆阙门内200步，最后到达建在高台上的建章前殿，气魄十分雄伟。宫城中还分布众多不同组合的殿堂建筑。壁门之西有神明，台高166.7米，为祭金人处，有铜仙人舒掌捧铜盘玉杯，承接雨露。

建章宫的前殿高于未央宫。其东侧有凤阁，高60多米，建大型池塘，即太液池，池中建台高达60多米。其南建设玉堂，壁门三层，高达65米，内殿有12个门，各阶为玉石砌筑，还在门前铸有铜凤，高达15米。太液池在建章宫北端，池中有渐台、蓬莱仙山，其旁建逍遥宫，这是汉成帝所建，涂黑色油漆。神明台与井干楼互相对峙，都有极其复杂的结构。神明台是汉武帝为求长生不老而建的，高达150米，其周围设有九室，其上设承露盘，高60米。井干楼完全用木材建造，共20层，高105米。它们都是当时有名的建筑。

西汉长乐宫

长乐宫是在秦离宫兴乐宫基础上改建而成的西汉第一座正规宫殿，它位于西汉长安城内东南隅，始建于高祖五年，也就是公元前202年，历时2年完成。根据史料记载，我们可以得知，长乐宫四面都有一座宫门，仅东门和西门有阙。而在宫中有前殿，朝廷就是位于这里。西为后宫。

长乐宫是西汉皇家宫殿群。它与未央宫、建章宫同为汉代三宫。因为长乐宫位于未央宫的西面，所以又称为"东宫"。长乐宫所取之意是"长久快乐"。长乐宫的前身是秦兴乐宫，汉高祖刘邦在位的时候曾经居住在这里。在高祖九年（公元前198），朝廷迁往未央宫，而长乐宫则由太后居住。

在秦朝时期，长安只是咸阳附近位于渭河南岸一个乡聚的名称。但是随着其慢慢成为交通要道，所以变成了兵家必争之地。在张良的建议下，刘邦建都于此。在西汉初期，宫廷建筑并不算奢侈，但是这并不能满足好大喜功的汉武帝的需要。所以，他开始大兴土木，增修了明光宫、建章宫，并修缮、扩充了原有的宫室。在汉武帝时期，汉代的宫殿在各方面都超越了秦朝。即使是规模，也绝不逊色。长乐宫，周

长乐宫复原图

围20余里，有鸿台、临华殿、温室殿及长信、长秋、永寿、永宁四殿。在公元前202年，以秦朝兴乐宫为基础，汉高祖修建了长乐宫，2年之后建成未央宫，所以就把汉朝的都城迁到了长安。

东汉洛阳南北宫

洛阳宫殿遗址位于今河南省洛阳市东约15公里处，北靠邙山，南临洛河。在1962年夏，考古学家不仅初步探明了大城垣墙、门阙、街道和护城河，而且还对宫城范围和部分殿台基址，以及大城东北角的殿台、仓厩遗迹进行了考察。而在南郊又探出了汉魏时期的"三雍"遗址范围和一些殿堂台基。在1972年，考古学家又进行了重点试掘。从整个大城来看，其东西北三面保存得非常好，但是南边的墙体已经被冲毁。

东汉洛阳的皇宫分为南、北两宫。两宫之间连接的桥梁是复道。所谓复道，即并列的三条路，中间一条是皇帝专用的御道，而两侧则是臣僚、侍者走的道。每隔十步还设一卫士，侧立两厢，其威武程度可见一斑。南宫的北门与北宫的南门两阙相对，也就是《文选·古诗》所说的"两宫遥相望，双阙百余尺"。如果从宫殿上空进行俯视，就会发现整个宫城中的建筑排成了一个"吕"字形。

在东汉之前，南宫就已经存在，在初期是周城。在秦始皇灭周统一中国后，它被秦始皇封给吕不韦，在吕不韦的精心经营下，这座城建筑的规模越来越大，蔚为壮观。西汉刘邦初建都于洛阳，后来继续沿用，而且还不断进行修茸，其繁华景象得以持续。在东汉时期，进行全面修整，并正式作为皇宫。具体位置在今偃师龙虎滩村西北，因为地势较高，所以被当地人称为"西岗"。

南、北宫城都有四座同向同名的阙门，在门的两边有望楼为朱雀门，东为苍龙门，北为玄武门，西为白虎门。

南宫的玄武门与北宫的朱雀门以复道相互连接，南宫朱雀门是皇宫的南正门，它与平城门相通而直达城外。因为皇帝在出入的时候往往经过朱雀门，所以这座门就显得异常尊贵。而其建筑也蔚为壮观，远处的偃师遥望朱雀门阙，因为其如同与天相接，所以被称为是东汉洛阳一大奇观。

皇帝及群僚朝贺议政的地方被称为南宫。南宫的建筑较为整齐，而且宫殿阁楼鳞次栉比。主体宫殿坐落在南北中轴线上，自北而南依次为：司马门、端门、却非门、却非殿、章华门、崇德殿、中德殿、千秋万岁殿和平朔殿。中轴线东西两侧各有两排对称的宫殿建筑。西侧两排自南而北依次排列。东排为鸿德门、明光殿、宣室殿、承福殿、嘉德门、嘉德殿、玉堂殿、宣德殿、建德殿；西排为云台殿、显亲殿、含章殿、杨安殿、云台、兰台、阿阁、长秋宫、西宫。东侧两排，西排为金马殿、铜马殿、敬法殿、章德殿、乐成门、乐成殿、温德殿和东宫；东排为侍中庐、清凉殿、凤凰殿、黄龙殿、寿安殿、竹殿、承风殿和东观。中轴线两侧的四排宫殿与中轴线平行，使中轴线上的建筑更为壮观。如果这南北五排建筑按照与中轴线直交的横向排列，又可分为八排。就这样，每座宫殿建筑的四面都能与其他宫殿通过直道相通。如果从上空进行俯视，则会发现，这些宫殿群落组成一个格子形的布局，这充分说明了我国古代建筑是规整和对称的。

北宫主要是皇帝及妃嫔寝居的宫城，从地位上来说，其更高。与南宫宫殿相比，北宫的宫殿较少，同时也不比南宫宫殿规整和对称。坐落在中轴线上的建筑依次为：温饬殿、安福殿、和欢殿、德阳门、德阳殿、宣明殿、朔平署、平洪殿。中轴线西只有半排建筑，自南而北分别是：崇德殿、崇政殿、永乐宫。崇德殿南有两门，即东金商和西神虎。两门南面有两观，即东增喜观和西白虎观。中轴线东有两排建筑，自南而北分别依次是：西为天禄殿、章台殿、含德殿、寿安殿、章德殿和崇德殿。东为永宁殿、迎春殿、延休殿、安昌殿、景福殿和永安宫。

六朝建业及建康宫殿

东晋建康城位于今江苏省南京市，是三国时吴、东晋和南朝宋、齐、梁、陈六朝的都城。邺城在河北临漳，是曹魏建都的地方，后来也是后赵、东魏和北齐的都城。邺城地势开阔，宫苑建筑规模很大。宫廷建筑、正门、齐斗楼三座建筑都在一条轴线上，前边有止车门，形成大广场，东西两方向的止车门形成左右对称的布局。正殿左右建有钟楼与鼓楼，从正殿向北有成排的楼阁。东部是国家行政中心，有八组建筑群，直达后宫，后宫是皇帝的居住地。

全城布局南北长、东西狭窄。南面设两个城门，东、西、北各一门。宫城正中是太极殿，殿前有东西二阁。宫城正门为大司马门，这里是六朝的建康宫。在建康宫的西南还有吴时留下的太初宫。宫北为鸡笼山风景区，宫的东北是华林园，这些都是游乐区，景物宜人。建康宫的殿阁建筑大大小小达到2500多间。

宋、齐、梁、陈这四个朝代，仍在东晋的宫城原址上建设宫城，其宫殿的位置与规制仍与东晋时代相仿。当中建太极殿，它是建康宫内的第一大殿，

第三章 华丽的喧嚣——历史上的宫殿

也是正殿。此宫在武帝时改为13间，高26米，长27米，内外砌以锦石，同时建有东西二阁，堂阁之间的庭院很广。到梁与隋二代，宫城增设三重。

六朝时代宫殿不断改建、扩殿，宫殿建筑布局达到一个新的阶段。这个时期，大朝左右扩展建设东西二堂，作为处理政务的地方，凡是朝谒听政、宴会、大典都在这里进行。东堂专为朝谒、赐宴用，同时也是听政的要地；西堂则改为举哀之地。后来刘宋改在西堂会见臣子并在这里赐宴，它的用途经常改变。齐代由于失火，大火烧掉仪、耀灵等十多座大殿，还烧掉柏寝殿，共计3000多间宫殿化为灰烬。梁初武帝建设东宫，城门都做三层楼，其式样同汉之函谷关东门相同。总的来看，六朝的宫殿极其豪华壮丽。

六朝时期做土山、修楼台殿阁，盛极一时；到东晋之时在建康城设立宗庙社稷、建立宫阙，又在城南建设新的永安宫；到宋元嘉年间在玄武湖修游乐苑、上林苑等，开创宫殿与园林相结合的先河。宋代还在章阁门到朱雀门之间建立驰道（即架在空中的廊桥），人在里面行走，外面是看不见的。

 知识链接

北朝邺南城

东魏和北齐时代在邺城的南面建邺南城，汲取洛阳和邺北城的建筑手法。宫城在南部中心，东西宽3000米，南北长4000米，以太极殿为主，其中还有昭阳殿，东做含元殿谓"东阁"，西有凉风殿谓"西阁"，正南方向为朱华门，从前到后都用轴线贯穿。太极殿与东西宫殿基甚高，达到3米。北齐天保九年（559年）秋又建设邺城三台，这是在旧基上进行扩建，并改铜雀台为金凤台，改金凤台为圣应台，改冰井台为崇光台。到北齐亡国时，这三台又毁掉了。东魏和北齐时代将后赵华林苑改为华林园，并在园中做玄武洲，建山、水、台、观，还建有五岳之东西轻云楼、架云廊16间，建"峨眉山"，山的东面有鸳鸯楼，大海的北面建有飞鸾殿、时宜观、千秋楼、龙游观、大海观等。

隋洛阳宫殿

隋朝洛阳宫殿位于今河南省西部、黄河南岸。在公元604年，在隋炀帝杨广即位之后，他决定以洛阳作为都城。他首先征发男丁数十万人掘长堑，从龙门（今山西河津县）达上洛（今陕西商县），作为保护洛阳的关防。在第二年，他命令宇文恺建设东京洛阳城。

建筑洛阳城工程浩大。"每月役丁二百万人"，而东都也有非常庞大的规模。历时1年，东都就被建成了。从此之后，有很多富商大贾就来到东京居住和生活。

隋代洛阳城大致为南北长而东西短的长方形。《帝王世纪》说洛阳"城东西六里十一步，南北九里一百步"，所以俗称"九六城"。洛阳城四周共设城门十二座，由城门校尉与司马等来掌管，每门则设"侯"一人，主要是负责看管城门。城门的位置和名称是：东城垣自北向南依次为上东门、中东门、望京门（旄门）；南城垣自东向西依次为开阳门、平城门（平门）、苑门（小苑门）、津门（津阳门）。其中平城门最初是宫门，没有设侯，而是置屯司马，皇帝在出入的时候大多都会经过此门，所以其地位较高。西城垣自南向北依次为广阳门、雍门、上西门。其中上西门涂有红漆，设有璇玑玉衡，以齐七政。北城垣自西向东依次为夏门、谷门。无论是哪座城门，都建设有亭子。

洛阳城共有5条南北向的大街。第一条从开阳门向北，全长

隋唐时期洛阳城

第三章 华丽的喧嚣——历史上的宫殿

2800 米。第二条从平城门向北，至南宫的南门为止，长约 700 米。第三条从小苑门往北，到北宫的南门为止，全长约 2000 米。第四条从津门往北至始自上西门的横街，全长 2800 米。第五条可称"谷门大街"。从谷门往南，遇北宫的北门墙而东折，然后再折向南，全长约 2400 米。东西横行的大街也有 5 条：第一条从上东门往西，遇北宫的东墙而止，长约 600 米；第二条从中东门往西，穿南宫与北宫之间而过，全长约 2200 米；第三条从上西门往东，遇北宫的西墙而止，长约 500 米；第四条从雍门往东，遇始自津门的大街而止，长约 500 米；第五条从旄门至广阳门，横贯全城，全长 2460 米。上面所提到的这 10 条街相互交叉，形成了各种各样的路口。

唐长安太极宫

太极宫是隋朝修建的，被称为"大兴宫"。在唐睿宗景云元年（710 年），"大兴宫"改称"太极宫"。由于它是唐朝京城的正宫，所以又被称为"京大内"。在唐朝时期，太极宫实际上是太极宫、东宫、掖庭宫的总称，它位于唐长安城中央的最北部。其建筑规模非常大。

太极东西南北四面共开有十个城门。其中南面开有三个城门，中为承天门，左为永安门，右为长乐门；西面和北面各开有两个城门，西为嘉猷门、通明门，也是掖庭宫的东门，北为玄武门、安礼门；东面通向东宫只开有一个城门，名"通训门"，也就是东宫的西门。东宫南北还开有四个城门。因为掖庭宫是宫女所居住的地方，所以只开东西门，不开南北门，西面门只称"西门"，并没有什么其他称谓。

在所有这些城门中最重要的是承天门。承天门位于太极宫南墙的正中，门址位于现在西安城内莲湖公园南侧。根据考古探测资料，我们可以得知，承天门东西残存部分尚长 41.7 米，已发现三门道，中间门道宽 8.5 米，西侧门道宽 6.4 米，东侧门道宽 6.4 米，门道的进深为 19 米。在门址底下都铺有石条和石板，其坚固程度可以想见。在门上有高大的楼观，门外左右有东西朝堂，门前有宫廷广场，南面直对朱雀门、明德门，有着地理位置非常重要的南北直线大街。承天门是太极宫的正门，封建皇帝举行外朝大典的时候都会在这里。另外，承天门楼还是皇帝欢宴群臣的地方。

太极宫的北门玄武门，其政治和军事地位非常高。其地居龙首原余坡，地势较高，所以站在上面进行俯视的时候，整个宫城的情况都可以尽收眼底。

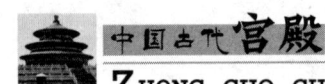

在626年,这里发生了历史上重要的"玄武门之变",即秦王李世民诛杀太子李建成、齐王李元吉。在638年,唐太宗李世民又下令,在玄武门安扎左右屯营,以诸卫将军领之,并取名"飞骑",后来经过不断扩充,飞骑的数量越来越多。在685年则改为左右羽林军。所以,这里成为中央禁军的屯防重地,当然也就成为发生宫廷政变频率较高的地方。在705年,张柬之剪除张易之兄弟、709年太子李重俊剪除武三思、710年临淄王李隆基剪除韦后等三次宫廷政变都是在这里发生。为什么会这样呢?原来这与左右羽林军的布设以及争夺禁军主力的较量有着极为密切的关系。当然,如果天下较为太平的时候,皇帝也会在这里举行盛宴。

 知识链接

大内

大内指皇帝宫殿或宫内库房。《旧唐书·德宗纪上》:"天宝元年四月癸巳生于长安大内之东宫。"另一意义专指汉代京城内的仓库名。《史记·景宗本纪》:"置左右内官,属大内。"武侠作品中的大内高手,即指皇宫内负责警卫的武功高强之人。

唐长安大明宫

大明宫始建于634年,最初名为"永安宫"。在662年,唐高宗开始对其进行扩建,在第二年的时候迁入大明宫执政。在896年,因为发生兵乱,所以被毁。根据一些资料,我们可以得知,大明宫周长7.6公里,面积约为3.2平方公里,是北京故宫的4倍。大明宫共11个城门,东、西、北三面都有夹城;南部有三道宫墙护卫,而墙外还有丹凤门大街,它是唐代最为宏伟的宫殿建筑群,同时也是世界史上最大、最宏伟的宫殿建筑群之一,有着非常重要的地位。

第三章　华丽的喧嚣——历史上的宫殿

大明宫选址在唐长安城宫城东北侧的龙首原上，因为其独特的地理优势，所以所建筑的宫殿成为一座相对独立的城堡。宫城的南部呈长方形，北部呈南宽北窄的梯形。城墙南段与长安城的北墙东段相重合，其北另有三道平行的东西向宫墙，把宫殿分为三个区域。而所有的墙体都是用夯土板建成的，所以非常牢固。

宫城共有九座城门，南面正中为丹凤门，东西分别为望仙门和建福门；北面正中为玄武门，东西分别为银汉门和青霄门；东面为左银台门；西面南北分别为右银台门和九仙门。除了正门丹凤门有五个门道外，其余各门均为三个门道。在宫城的东西北三面筑有夹城，它们与城墙平行，在北面正中设重玄门，其与玄武门正好相对。宫城外的东西两侧分别驻有禁军，北门夹城内设立了"北衙"，它是禁军的指挥机关。

整个宫域可分为两部分，即前朝和内庭。前朝主要是朝会，而内庭主要是居住和宴游。大明宫的正门丹凤门以南是丹凤门大街，以北是南北中轴线，而大明宫中所有的建筑几乎都是沿着这条轴线分布。在轴线的东西两侧各有一条纵街，它们是在三道横向宫墙上开边门贯通形成的。

含元殿是大明宫的主殿，踞龙首原高处，高出平地10余米，前有75米长的龙尾道，距丹凤门则达600余米，有充分的前视空间，所以适于外朝。殿阔十一间，进深四间，面积近2000平方米，与明清北京紫禁城的太和殿相埒。殿为单层，重檐庑殿顶，左右外接东西向廊道，廊道两端再南折斜上，与建在高台上的翔鸾、栖凤二阁相连，阁作阙形，整组建筑呈倒凹字形。这一形制，直接影响到五代洛阳的五凤楼、宋东京的宣德门和明清北京紫禁城的午、门，阙和主体建筑从此相联而不再各自分立。

宣德殿庭院渐小，紫宸殿更小。倒是蓬莱池西邻接大明宫西垣的高地上所建之麟德殿，其规模之宏大，堪称中国古代宫殿建筑之最。根据遗址发掘和复原研究的方案，殿由四座堂宇前后紧密串连而成。前殿单层，中殿和后殿均为两层，最后一座"障日阁"亦单层。底层总面积达5000平方米，约为北京故宫太和殿的3倍，加上中后殿的上层，总面积达7000方米。屋顶形制前中二殿为单檐庑殿顶，后殿和障日阁为单檐歇山顶。全殿建在层叠两层的大台座上，座高近6米，周砌面砖，边围雕栏。相当于中殿的位置上，左右各置一方形高台，台上立单层方形东西亭，以弧形飞桥与中殿上层相通。相当于后殿的位置上，左右各置一矩形高台，台上建单层歇山顶小殿，称郁仪楼、结邻楼，也以弧形飞桥与后殿上层相通。

麟德殿是皇帝举行大型宴会的场所。大历三年（公元768年）的一次宴请，共有神策军将士3500人参加；而邻近西垣，显然是为了便于大量人流的出入而不至于干扰大明宫主体的森严秩序。从建筑艺术的角度来看，虽整体规模巨大，但由于是以数座殿堂高低错落结合而成，每座殿堂的体量并不逾出正常的尺度，所以并不觉得笨重。东西的亭楼体量甚小，更显出性格的玲珑，衬托出主体建筑的壮丽多彩。该殿踞于高地，又以二层高起于众屋之上，东望蓬莱池苑景区，或由苑景区西望殿堂，壮美优美，互为对景，相得益彰。

 知识链接

大明宫的国宴厅

大明宫的国宴厅是麟德殿，当然，麟德殿也是大明宫中最主要的宫殿之一。它建于唐高宗麟德年间，毁于唐僖宗光启年间，存在了大约220年。

麟德殿有着非常宏伟的建筑规模，而且结构也较为特别，是唐代建筑群中较为经典的建筑作品。

麟德殿位于大明宫太液池西的一座高地上，其遗址已经为考古学家所挖掘。它是由四座殿堂前后紧密串连而成，是中国最大的殿堂。

在主体建筑左右各有一座方形和矩形高台，而且高台上建筑的体量非常小，各以弧形飞桥与大殿上层相通。

殿下有二层台基，殿本身由前、中、后三殿聚合而成，也就是"三殿"。三殿都面阔九间，前殿进深四间，中、后殿约进深五间，除了中殿是二层阁之外，前后殿均为单层建筑。在中殿左右有二方亭，亭北在后殿左右有二楼，即"郁仪楼"和"结邻楼"，它们都被建在砖台上。从楼向南有架空的飞楼通向二亭，从二亭向内侧又各架飞楼通向中殿之上层，这样就形成了规模宏大的建筑群。在前殿东西侧有廊，到角矩折南行，而东廊

第三章 华丽的喧嚣——历史上的宫殿

有会庆亭。

关于盛唐时期唐大明宫麟德殿的盛景，唐朝诗人张籍在《寒食内宴》描述为"瑞烟深处开三殿，春雨微时引百官"。在这里，皇帝经常举行各种宴会，会见外来使者。公元703年，武则天在此会见并设宴款待日本遣唐使粟田真人。在唐朝时期，官员们以能够出席麟德殿宴会为荣。

据史料记载，在麟德殿大宴的时候，殿前和廊下可坐3000人，而且还能进行各种节目的表演。可能是因为在殿前有非常开阔的广场，麟德殿是迄今所见唐代建筑中形体组合最复杂的大建筑群。

唐长安兴庆宫

与太极宫和大明宫相比，兴庆宫的规模较小，它原先是唐玄宗李隆基登基前的宅第，后来经过不断扩建成为宫苑，在这里，李隆基皇帝进行起居听政。

兴庆宫是唐玄宗时代的中国政治中心所在，同时也是他与爱妃杨玉环长期居住的地方，所以被称为"南内"，是唐代长安"三内"之一。宫内建有各种各样的建筑，如兴庆殿、南熏殿、大同殿、勤政务本楼、花萼相辉楼和沉香亭……

在唐代开元、天宝年间，其社会稳定，经济繁荣，八方来客进行朝见。在这里，唐玄宗、杨贵妃经常举行各种大型的国务活动，所以在唐诗中留下无数佳作名句，而李白那首脍炙人口的《清平调》就是起源于兴庆宫的沉香亭。"云想衣裳花想容，春风拂槛露华浓。若非群玉山头见，会向瑶台月下逢。名花倾国两相欢，常得君王带笑看。解释春风无限恨，沉香亭北倚栏杆"。

兴庆宫现址位于西安市碑林区和平门外咸宁西路北，也就是在西安交通大学的北门外。

兴庆宫通过不断扩建,其宫城规模越来越大。兴庆宫平面为长方形,其布局完全不同于以往的宫城布局,将朝廷与御苑的位置进行了颠倒,由一道东西墙分隔成北部的宫殿区和南部的园林区。兴庆宫四周共设有六处城门,正门兴庆门在西垣偏北处,西垣偏南有金明门;东垣与兴庆门相对为金花门,东南隅为初阳门;北宫垣居中为跃龙门;南垣居中外垣为通阳门、内垣为明光门。朝会正殿兴庆殿建筑群位于兴庆门内以北,建筑群坐北朝南,前部有大同门,门内左右为钟、鼓楼,其后为大同殿,再后为正殿兴庆殿,最后为交泰殿。北门跃龙门内中轴线上,正殿为南薰殿,宫城东北部有新射殿、金花落等建筑。南部的园林区以龙池为中心,池东北岸有沉香亭和百花园,南岸有五龙坛、龙堂,西南有花萼相辉楼、勤政务本楼……另外,在龙池中还有非常多的隐花植物。东宫垣东侧通过夹墙复道与大明宫、芙蓉园相通。宫内出土了种类非常多的装饰瓦件。

皇家园林——西安兴庆宫

第三章 华丽的喧嚣——历史上的宫殿

北宋东京城的宫殿

北宋东京城在今开封市的位置，今开封城的城墙是明、清时期重建的。现在的开封城是北宋东京城的内城，也是五代时的旧都。五代四个王朝除后唐外，其余的梁、晋、汉、周四代都在这里建都。宋太祖赵匡胤夺取后周的政权，在这里建都，即北宋东京城。

宫城在全城的中心略偏北，布局为南北稍长的矩形。其中宫殿甚多，

文德殿

前后参差错落，都是按五代时的宫殿样式进行设计的。正南门内有大庆殿、东西门分别叫"左右太和门"；正殿叫"文德殿"，西掖门叫"东西上阁"、东西门叫"左右嘉福门"；大庆殿以北为紫宸殿，为视朝的前殿，西为垂拱殿，同样为视朝之所，再往西有皇仪殿、集英殿，并有升平楼为京中观宴之所。从整组建筑来看，主要的殿宇都建在中轴线上。此后金、元时期，以至明、清各朝，均仿效这座宫城殿宇的布局来建设。北宋南迁以后，周围群众在宫殿的遗址处挖宝，年年动土，挖来挖去，该地成为两个大湖。到清末时已定名为"潘家湖""杨家湖"，这两个大湖一直留到今天。后来在土堆上又建设龙亭，使北宋东京城里的北宫殿区大为改观。

南宋临安城的宫殿

临安城为南宋的都城，即今日杭州，据《马可·波罗游记》记载，宫殿分为三个部分，中间有门，门侧有两座金碧辉煌的大殿。据推测，这可能是丽正殿，共五间十二架，后门为和宁门，进门后有内庭、福宁殿，是宫殿的正寝，俗称"水圃寝殿"。由于南宋宫殿沿两湖建设，引水方便，便用水来环绕宫殿。它的布局也正反映宫殿用途的不同，主要的殿宇仍然布置在中轴线上。宫门内一院，再后为宫门、殿门、朝殿、寝殿等，其内建筑非对称式样，但不凌乱。轴线西部有库房，后部为游骑之所；轴东部前面的后辈院、皇城

司与后部的苑囿相连，这是一处比较完整的宫殿。其中的西侧是天然胜景，园囿名苑也极兴盛，其间杭竹、梅花、白莲、芙蓉等皆为玉津园的主体点缀，亭、堂之中花卉绮丽，供人观赏。苑内还有万年桥，由玉石砌筑，桥面甚平，风味甚雅，另有水池十余亩，独种白莲。宫内桥边叠石为山，具有西湖园林的特征。

元大都的宫殿

元代初年，首都在上都（今内蒙古多伦西北方向），后从上都迁到北京，定名为"大都"。

大都的宫殿分两大部分，分布在太液池的东西。池东叫"东内"，又叫"宫城"，在京城丽正门以北，一条中轴线贯穿宫城。前端为大明殿的范围，后部为延春门、延春阁的范围，这两组建筑都有重重殿阁与两侧东西庑。宫的北门为厚载门，宫城还建有东西角楼及东西华门。太液池以西叫"西内"，有隆福、兴圣二宫，又叫"海子西宫"。隆福宫在兴圣宫的前面，是太后的住处；兴圣宫为嫔妃的住所。隆福宫之内以光明殿为主，有东西盝顶殿、左右嘉喜殿、泰昌殿以及香殿。兴圣宫的正殿为兴圣殿，前半部做正方形宫院，周围有廊子环绕，出山门为后半部，有钟鼓楼等建筑，此外，还有宫廷配殿，式样繁多，殿阁密集。

主要宫殿中的正殿大多数是"工"字形平面，以前殿作为会议中心、行政办公或举行大典的地方，后半部则作为寝宫，两组大殿之间由柱廊组成"工"字形连接。几处主要宫殿大多都采取这种布局方式。

"工"字形的宫殿布局虽然始于宋代，但是大量建造还是在金、元时期。这一点已改变了传统的制

太液池

度：在前殿内设帝后座位，大典之时帝后在坐。从这一点来看，它仍然采用草原上的蒙古族习惯，与汉族的宫殿是根本不同的。

大殿外部采取汉族式样，内部还是以蒙古族旧习惯为主的生活方式，如用丝质毛皮做"壁嶂"和地衣悬铺，柱子也用毛织品包围，不显出梁柱。

正殿用红地金龙装饰的图案作为方柱，其次是在殿阁中大量做顶殿，采用黄色琉璃瓦。从宋代褐、绿二色，发展到黄、绿、青、蓝、白各色，普遍地应用于宫殿上，因此可以得知，在元代，琉璃瓦的使用已大量发展起来。除了这些装饰以外，还运用紫檀、棕毛、玻璃等，如元代宫殿中文思殿、紫檀殿均用香木，檀木殿、棕毛殿纯用陶瓦，内部装有喷泉，这些都是由西方工匠营造的。另外，宫城四角设有角楼，多数楼内还设有喇嘛教的佛像。

元大都宫殿大体上分为三大部分。一是皇城后戴门以北之地设长廊与海子相联，开四门。引水穿池，设花木殿数处，其中有宝殿一所，四面植牡丹百余株，这是主要的。万岁山、太液池这一处是大都内的唯一禁苑。太液池围绕着万岁山，山中奇石玲珑可爱，林柏苍翠，景色秀丽，山前有汉白玉石桥长200米，直通仪天殿。第二处为荷叶殿、方壶殿，各种楼台、景物无不具备。太液池周围列置芙蓉，为皇帝游乐处，西有木桥，可通兴圣宫之夹道。第三处是太液池以西园景，如御苑、隆福宫、前殿万寿园等，与唐代禁苑、北宋东京的艮岳相比，毫不逊色。

总的来说，元代宫殿建筑布局、式样、风格虽多模仿汉族，但是还有许多欧式风格，这些外来式样与传统的汉族式样都有些不同，到明代初年，元代宫殿被大量拆毁。

第二节
威临华夏，离宫别馆

陕西长安长门宫

长门宫位于今陕西长安县东北。它本来是由馆陶长公主刘嫖所有，属于一座私家园林，后来以长公主情夫董偃的名义献给汉武帝改建而成，主要是皇帝祭祀休息的地方。长门宫位于长安城外。后来刘嫖的女儿陈皇后被废，迁居长门宫。在南朝的时候，萧统编《文选》，收录《长门赋》，相传是陈皇后不甘心自己被废除，而花费千金求司马相如为其所作的。在《长门赋》使长门之名千古流传的同时，长门宫也成为了冷宫的代名词。

长门宫原本属于馆陶，而馆陶以董偃的名义送给刘彻，此时刘彻除了欣赏董偃之外，还对其另眼相看。众所周知，董偃难登大雅之堂，但是却逐渐为武帝所喜爱，且"爱叔说董偃劝馆陶公主献之"说明了馆陶的不舍。但是无论这些故事是真是假，最起码说明了当时刘彻是十分喜爱长门宫的风景。长门宫之前称园后改宫，说明苑囿与宫殿共存，在当时也是长安的一大特色。或许这也是刘彻不可不踏入长门宫的理由之一。

陈皇后在长门宫忧郁而死之后，文人常用"长门"为题创作诗

司马相如曾作《长门赋》

第三章 华丽的喧嚣——历史上的宫殿

篇。如陆游的《长门怨》："寒风号有声，寒日惨无晖，空房不敢恨，但怀岁暮悲。今年选后宫，连娟千蛾眉；早知获谴速，悔不承恩迟。声当彻九天，泪当达九泉，死犹复见思，生当长弃捐。"

以及一首名叫《长门殇》的七律："昔年金屋藏娇女，今日冷宫无人怜。僵卧锦榻暗垂泪，独临菱花饰朱颜。冬去花开无心赏，秋来叶落殇黯然。自是长门无欢笑，两情相悦不复还。"

知识链接

司马相如《长门赋》

司马相如（公元前179—前117年），西汉辞赋家。曾官拜中郎将，后为孝文园令。善辞赋。《长门赋序》云："孝武皇帝陈皇后时得幸，颇妒。别在长门宫，愁闷悲思。闻蜀郡成都司马相如天下工为文，奉黄金百斤为相如、文君取酒，因于解悲愁之辞。而相如为文以悟上，陈皇后复得亲幸。"

夫何一佳人兮，步逍遥以自虞。魂逾佚而不反兮，形枯槁而独居。言我朝往而暮来兮，饮食乐而忘人。心慊移而不省故兮，交得意而相亲。伊予志之慢愚兮，怀贞悫之欢心。愿赐问而自进兮，得尚君之玉音。奉虚言而望诚兮，期城南之离宫。修薄具而自设兮，君曾不肯乎幸临。廊独潜而专精兮，天漂漂而疾风。登兰台而遥望兮，神怳怳而外淫。浮云郁而四塞兮，天窈窈而昼阴。雷殷殷而响起兮，声象君之车音。飘风回而起闺兮，举帷幄之襜襜。桂树交而相纷兮，芳酷烈之訚訚。孔雀集而相存兮，玄猿啸而长吟。翡翠协翼而来萃兮，鸾凤翔而北南。

心凭噫而不舒兮，邪气壮而攻中。下兰台而周览兮，步从容于深宫。正殿块以造天兮，郁并起而穹崇。间徙倚于东厢兮，观夫靡靡而无穷。挤玉户以撼金铺兮，声噌而似钟音。刻木兰以为榱兮，饰文杏以为梁。罗丰茸之游树兮，离楼梧而相撑。施瑰木之欂栌兮，委参差以槺梁。时仿佛以

物类兮，象积石之将将。五色炫以相曜兮，烂耀耀而成光。致错石之瓴甓兮，象玳瑁之文章。张罗绮之幔帷兮，垂楚组之连纲。

抚柱楣以从容兮，览曲台之央央。白鹤嗷以哀号兮，孤雌跱于枯肠。日黄昏而望绝兮，怅独托于空堂。悬明月以自照兮，徂清夜于洞房。援雅琴以变调兮，奏愁思之不可长。案流徵以却转兮，声幼眇而复扬。贯历览其中操兮，意慷慨而自卬。左右悲而垂泪兮，涕流离而从横。舒息悒而增欷兮，蹝履起而彷徨。揄长袂以自翳兮，数昔日之諐殃。无面目之可显兮，遂颓思而就床。抟芬若以为枕兮，席荃兰而香。

忽寝寐而梦想兮，魄若君之在旁。惕寤觉而无见兮，魂迋若有亡。众鸡鸣而愁予兮，起视月之精光。观众星之行列兮，毕昴出于东方。望中庭之蔼蔼兮，若季秋之降霜。夜曼曼其若岁兮，怀郁郁其不可再更。澹偃蹇而待曙兮，荒亭亭而复明。妾人窃自悲兮，究年岁而不敢忘。

陕西西安上林苑

上林苑是汉武帝刘彻于公元前138年在秦代的一个旧苑址上扩建而成的宫苑，规模非常宏伟，而且还有非常多的宫室。它的原址位于陕西省西安市，现在已经看不到了。上林苑地跨长安、咸阳、周至、户县、蓝田5县县境，有霸、产、泾、渭、丰、镐、牢、橘八水出入其中。上林苑不仅宫室较为华美，而且还有优美的自然景物，是秦汉时期建筑宫苑的典型。在当时，上林苑主要是供汉武帝休息的地方。除此之外，在这个地方还有皇帝的亲兵羽林军，

上林苑

第三章 华丽的喧嚣——历史上的宫殿

并由后来的大将军卫青统领。

上林苑中包括 70 所离宫，可以容纳千骑万乘。在这里可以进行涉猎游乐，但是主要还是宫室建筑和园池。据《关中记》记载："上林苑中有三十六苑、十二宫、三十五观。"三十六苑包含具有各种功能的宫苑，如有供游憩的宜春苑，供御人止宿的御宿苑，为太子设置招宾客的思贤苑、博望苑……在上林苑中，除了有大型宫城建章宫，还有具有其他用途的宫观建筑，如演奏音乐和唱曲的宣曲宫；观看赛狗、赛马和观赏鱼鸟的犬台宫、走狗观、走马观、鱼鸟观；饲养和观赏大象、白鹿的观象观、白鹿观；引种西域葡萄的葡萄宫和养南方奇花异木的扶荔宫；角抵表演场所平乐观；养蚕的茧观；还有承光宫、储元宫、阳禄观、阳德观、鼎郊观、三爵观……

除此之外，上林苑中还有许多池沼。其中昆明池是汉武帝在公元前 119 年所凿，据《史记·平准书》和《关中记》记载，修昆明池是用来训练水军。在池的东西两岸立牵牛和织女的石像。无论从哪一方面来说，上林苑都是蔚为壮观的。

长安甘泉宫

长安城外的各郡县还有很多离宫，它们是构成汉宫殿建筑的一部分。在这些离宫中，颇负盛名的当数在秦的基础上修建的甘泉宫，为陕西省重点文物保护单位。

甘泉宫，又名"云阳宫""林光宫"，为秦始皇下令建造。位于咸阳城西 45 公里处。根据《通志》的记述，甘泉宫有阙、前阙、应门、前殿、紫殿、泰时殿、通天台、望风台、益寿馆、延寿馆、明光宫、居室、竹宫、招仙阁、高光宫、通灵台等许多宫殿台阁。甘泉宫内有木园，是武帝时代的园，后来俗称"仙草园"。遗址东西横距 250 米，南北纵距 400 米。甘泉宫兴废年代待考。出土文物有陶质筒形

甘泉宫遗址

水管、90°拐弯管道、蛟龙绕玉璧空心砖、种类繁多的云纹瓦当、板筒瓦残片等。

甘泉宫为汉武帝仅次于长安未央宫的重要活动场所，它不只是作为统治阶级的避暑胜地，而且很多重大的政治活动都安排在这里进行。甘泉山，位于淳化县北约25公里处，出甘泉。这里有很好的地势和风水，也是匈奴祭天的地方。

在城前头村、凉武帝村、董家村附近，宫城城墙的夯土残迹，历历在目，断断续续地暴露在地面上，高1~5米不等。根据甘泉宫的城墙遗迹，我们发现，其西城墙长890米，北城墙长1950米，东城墙长880米，南城墙长1948米，可见其规模之宏大！

知识链接

宁夏银川兴庆府

西夏是党项拓跋氏所建的王朝。西夏国度兴庆府位于今宁夏银川贺兰山以东的黄河冲积平原上。是各大关隘的通道要害，具有非常重要的战略地位。

兴庆府呈长方形，周长9000米，护城河宽30余米，南北各有两扇大门，东西各一门。西夏奠基者李继迁夺取宋灵州后，改灵州为西平府作为统治中心。其子李德明继位后，认为西平府地居四塞之地，不利于防守，不如怀远形势有利。公元1020年派遣大臣贺承珍督率役夫，北渡黄河建城，营造城阙宫殿及宗社籍田，定都于此，名为兴州。李德明的儿子李元昊继位后，1033年又对宫城进行了扩建，并升兴州为兴庆府。并在这里正式成立文武班，建立了西夏的统治机构。在城南筑台，于天授礼法延祚元年（1038年）十月十一日在此受册，即皇帝位。西夏历代皇帝皆以此为都城。西夏崇宗李乾顺时期进行修建，主事者为梁国正献王嵬名安惠。先后建有戒坛寺、高台寺、承天寺等。

第三章 华丽的喧嚣——历史上的宫殿

公元13世纪初,蒙古兵进攻西夏,退兵后,桓宗纯祐修复被破坏的城堡,大赦境内,改兴庆府为中兴府。此后的十余年间,蒙古又接连围逼中兴府。1227年,西汉末帝李投降,中兴府也遭到毁灭性的破坏。

 湖北武汉盘龙城遗址

盘龙城遗址位于长江北岸,距武汉市区非常近。盘龙城遗址的分布范围是两面临盘龙湖,南濒府河,仅西面有陆路相通。城址坐落在整个遗址的东南部,平面形状略呈方形,城内发现有三处大型宫殿基址。城外散见居民区和各种手工作坊及墓地。盘龙城遗址出土的商代青铜器不仅数量非常多,而且有很多精品。盘龙城还出土了数以万计的陶片。另外,

盘龙城遗址

还有很多石器。盘龙城所发掘出的三座大型宫殿建筑,足以体现了我国古代宫殿的格局,奠定了中国宫殿建筑的基石。在专家看来,盘龙城是商王朝南征的据点,是商王朝控制南方的战略资源的中转站,因为其有独特的地理位置,易守难攻,所以称为军家必争之地,后来逐渐成为商王朝在南方的军事、政治中心。

南京朝天宫

朝天宫位于今江苏省南京城西冶山,传为春秋吴王夫差的铸剑处。明时始有今名。洪武时重建,大殿后有习仪亭,凡百官番臣大朝贺,均先在此学

习礼仪。

现存建筑均为清末所建，依中轴线做对称布置，规模宏伟，棂星门南为广庭，有左右牌坊门及泮池、"万仞宫墙"照壁。门北经前庭至大成门，为五开间重檐歇山顶式建筑，两侧各有一扇小门，名"金声""玉振"。过中部庭院，便到了主殿大成殿，下有石台三层，建筑为七开间，重檐歇山顶，覆以黄色琉璃瓦。再后为崇圣殿，情况大致相仿，仅石台为两层。诸殿两旁皆有廊庑，为附属房舍所在。殿北有习仪亭、飞云阁、碑亭及飞霞阁等，依墙而建，登临可以望远。

这一组建筑，是南京地区保存最完整、规模最大的古建筑群，现为南京市博物馆。

南京朝天宫

第三章 华丽的喧嚣——历史上的宫殿

苏州馆娃宫

馆娃宫位于今江苏省苏州市。据《吴越春秋》载："阖闾城西，有山号砚石，上有馆娃宫。"可见，砚石山就是现在灵岩山的别称。

在公元前494年，越王因为战败，所以去吴国作人质，同时为了取悦夫差，越王进献了大量的珍贵财富和美女。其中，夫差最为宠爱越王进贡来的美女西施，并且还专

苏州灵岩山寺——原西施"馆娃宫"

门为她兴建了这座规模宏大的大型离宫。宫内"铜勾玉槛，饰以珠玉"，辉煌程度可见一斑。就中国建筑史来看，馆娃宫是一座比较完备的早期园林。即使是在现在，馆娃宫也有很多遗迹、令人造访。据说现在的灵岩山寺大殿，就是建在馆娃宫的殿堂旧址上。唐朝著名诗人刘禹锡有诗云："宫馆贮娇娃，当时意大夸。艳倾吴国尽，笑入楚王家。"

承德离宫

承德避暑山庄是中国古代帝王的宫苑，同时也是清代皇帝避暑和处理政务的好地方。它位于河北省承德市北部。在清朝时期，皇帝为了安抚和团结中国边疆的少数民族，巩固国家统一，他命令人修建了这座夏宫，也就是承德避暑山庄。山庄始建于1703年，建成于乾隆1790年，历时87年。与北京紫禁城相比，避暑山庄更为朴素和淡雅，其多汲取了自然和山水本色，是中国现存的占地面积最大的古代帝王宫苑。

承德避暑山庄由皇帝宫室、皇家园林和宏伟壮观的寺庙群所组成。其建筑布局大体上分为两部分，即宫殿区和苑景区，苑景区又可分成湖区、平原区和山区三部分。其内部有康熙乾隆钦定的72景。而且还有其他各种各样的建筑，如殿、堂、楼、馆、亭、榭、阁、轩、斋、寺……是中国三大古建筑群之一。在山庄建成之后，清代的皇帝每年都会在这里处理政事、接见外国使节和边疆少数民族的政教首领。当然，这里所留下的重要文物和遗迹，成

承德避暑山庄

为中国多民族统一国家最后形成的历史见证。

避暑山庄分四大部分,即宫殿区、湖泊区、平原区和山峦区。宫殿区位于湖泊南岸,地势较为平坦,主要是用于皇帝处理政事、举行庆典和照顾其生活起居,由正宫、松鹤斋、万壑松风和东宫四组建筑组成。湖泊区位于宫殿区的北面,其湖泊面积非常大,包括洲和岛。因为层次较为分明,碧波荡漾,所以具有江南鱼米之乡的特色。东北角有清泉,也就是著名的热河泉。平原区在湖区北面的山脚下,地势较为平坦开阔,碧草茵茵,树木繁茂,一片草原风光。山峦区位于山庄的西北部,面积约占全园的4/5,这里山峦起伏,沟壑纵横。整个山庄东南多水,西北多山,是中国自然地貌的缩影。

避暑山庄是帝王苑囿与皇家寺庙建筑经验相结合的产物。它是帝王宫苑体系的代表。避暑山庄周围寺庙的建筑风格使汉、藏文化艺术融于一体,在寺庙的殿堂中完好保存和供奉着各种各样的佛像和法器。这足以体现了18世纪中国的古代建筑具有融合性和创造性。

1994年,根据文化遗产遴选标准,承德避暑山庄和周围寺庙被联合国教科文组织列入《世界遗产名录》。

第三章 华丽的喧嚣——历史上的宫殿

知识链接

皇家御苑——景山

景山,又名煤山,现为景山公园,地处北京城的中轴线上。景山占地32.3公顷,原为元、明、清三代的皇家御苑。景山高耸峻拔,树木葱郁,十分壮丽,为北京城内登高远眺、观览全城景致的绝佳之处。在600多年前的元代,该处还是个小山丘,名曰"青山"。据传,明代兴建紫禁城时,曾在此堆放煤炭,故景山又有"煤山"之称。明永乐年间,将开挖护城河的大量泥土堆积于此,砌成一座高大的土山,曰"万岁山",又称大内的"镇山"。山下遍植花草、果木,遂有"后果园"之称。明清两代帝王常来此赏花、习箭、饮宴,或登山观景。

西藏阿里古格王宫

古格王国故城遗址位于阿里地区札达县扎布让区象泉河南岸,它是西藏宫殿建筑中保存较为完好的早期建筑之一。现在我们所看到的古格王朝宫殿始建于公元10世纪末。整座建筑是依山而建,而且宫殿、寺院建筑形成一个坚固完整的金字塔结构,气势恢宏,庄严肃穆。古格王朝国王的王宫寝殿和议事大殿位于整个金字塔布局的顶端,在这里可以俯视万民,足以体现出了王权的唯我独尊。建筑群外四周是一道道高大城墙,建筑群内,暗道密布,四通八达。宫殿、寺院、庙宇建筑内部方柱、替木、横梁绘塑结合,天花板和四壁绘满了各种佛家故事。整个殿堂较为静穆高雅、富丽堂皇,王权的显赫和

古格王宫遗址

105

尊贵得到了充分体现。

阿里古格王国遗址是全国第一批重点文物保护单位之一。根据史料，我们可以得知，阿里古格王国遗址共有房屋洞窟300余处、佛塔3座、寺庙4座、殿堂2间及地下暗道2条。其外围建有城墙，四角设有碉楼。整个遗址都是位于一座小山之上，建筑分上、中、下三层，依次为王宫、寺庙和民居。在寺庙雕刻中有很多精品。除此之外，围绕古格都城札布让的重要遗址还有东嘎、皮央……

近些年来，考古学家在古格遗址周围发掘出了非常多的造像、雕刻及壁画等。这些都是这个神秘王朝留给人类的宝贵财富。古格雕塑大多是金银佛教造像，其中最高成就就是被称为"古格银眼"的雕像。而遗址中所保存的数量最多，同时也最为完整的就是壁画。古格壁画风格独特、气势宏大，将当时各个层面的社会生活较为充分地体现出来。所绘人物虽然用笔简练，但是性格较为突出，其中最具代表性的就是丰满动感的女性人物。因为古格有着较为特殊的地理位置，同时受外来文化影响较深，所以在其艺术表现风格上带有明显的克什米尔及犍陀罗艺术痕迹。

古格王国遗址是一座规模宏伟的高原古城，它不仅为人们研究西藏的历史提供了方便，而且还为我国研究古代建筑提供了实物材料。

西藏罗布林卡

罗布林卡是西藏著名的大型建筑群，它位于拉萨西郊，是由七世达赖喇嘛在18世纪始建。整座建筑群包括很多单元，如乌尧颇章、格桑颇章、辩经台、观戏楼、湖心宫、龙王宫、金色林卡、金色颇章、格桑德吉宫、达旦米久颇章和园林建筑……其经历了多个时期的修建，即七世达赖、八世达赖和十三世达赖喇嘛……历时200余年。全园分为三个部分，即宫区、林区和宫前区。从七世达赖喇嘛开始，历代达赖喇嘛在夏天都要从布达拉宫移居此处，在这里进行各种各样的活动，所以也被称为"夏宫"。

罗布林卡里的建筑以格桑颇章、金色颇章、达旦米久颇章为主体，有374间房间，是西藏人造园林中规模最大、风景最佳、古迹最多的园林，如今已经开辟为人民公园，是全国重点文物保护单位。

罗布林卡四面都有门，正门则是东门。正面中最为醒目的一座阁楼是康松思轮，它原是一座汉式小木亭，后来被改修为观戏楼，为了方便达赖喇嘛

第三章 华丽的喧嚣——历史上的宫殿

看戏,在东边又加了一片开阔场地。其旁边就是夏布甸拉康,是举行宗教礼仪的场所。它的北边是噶厦的办公室和会议室。每当夏天来临的时候,布达拉宫内的许多政府机构都要随着达赖喇嘛转移到罗布林卡办公。

据史料记载,在18世纪40年代以前,罗布林卡还是一片荒地。后来,因为七世达赖特别喜欢来这个地方,所以当时的清朝驻藏大臣就为其修建了一座"乌尧颇章"。在公元1751年,七世达赖在乌尧颇章东侧又建了一座以自己名字命名的三层宫殿,即"格桑颇章",其内部设有佛堂、卧室、阅览室及护法神殿等,其主要用于历代达赖夏天办公和接见西藏僧人、官员等。

在此基础上,八世达赖扩建了恰白康(阅览室)、康松司伦(威镇三界阁)、曲然(讲经院),而且将旧有的水塘开挖成湖,按汉式亭台楼阁的建筑风格,在湖心建了龙王庙和湖心宫,两侧架设了石桥。在1922年,十三世达赖再次修建罗布林卡,在西面建金色林卡和三层楼的金色颇章,而且大量种植花草树木。1954年,十四世达赖又在北面建了新宫,也就形成了我们今天所看到的罗布林卡规模。

在解放之前,罗布林卡只是达赖和少数达官贵人游乐休息的夏宫。但是

罗布林卡

在解放后,通过人民政府的不断修缮,其面貌焕然一新,其中种植49种树木、62种名花异草、15种飞禽走兽。园内有花池草坪、凉亭水榭、戏台和桌凳。每逢佳节,游人们都会来这里嬉戏,此时罗布林卡充满了欢声和笑语。

新宫是坐落在罗布林卡内的著名建筑之一。新宫内部有丰富多彩的壁画。其中最为引人注目的是新宫北殿西侧经堂内画的菩提树下的释迦牟尼与八大弟子图。

新宫南殿的壁画,从西沿北到东,是用连环画的形式表现的一部西藏简史,它包括很多内容,如藏族起源、吐蕃王朝兴亡、公元846年至1391年西藏佛教后弘及噶当、噶举、萨迦、格鲁等教派的陆续举起,1391年一世达赖根登竹巴出世至十四世达赖丹增嘉措于1955年从北京返回拉萨为止的各世达赖传记……总共301幅画面。这些画面成为研究藏族历史和汉藏关系的重要资料。

第四章

冠绝天下——故宫

现在比较完整地保存下来的帝王宫殿，只有两处：一是北京的明、清故宫，二是沈阳的清故宫。故宫坐落在北京城南北向的举世闻名的中轴线上，是我国现存最大、最完整的古建筑群，也是目前世界上最大的木结构古建筑群。沈阳故宫是中国现存仅次于北京故宫的最完整的皇宫建筑，在建筑艺术上承袭了中国古代建筑的传统，以汉族传统建筑风格和布局为主，兼备了蒙、满等民族风格和布局，具有很高的历史和艺术价值。

第一节
紫金之巅——北京故宫

君临天下紫禁城

北京故宫，旧称"紫禁城"，是明、清两代统治者的皇宫。"紫禁城"之名究其由来，是源于中国古代天象学将天上星宿分为三垣、二十八宿、三十一天的认识。三垣是指天微垣、紫微垣和天市垣，紫微垣居三垣中央，所谓"帝微居中"，故取紫微之座，象征帝居之宫和"紫气东来"的祥瑞。故宫坐落在北京城南北向的举世闻名的中轴线上，是我国现存最大、最完整的古建筑群，也是目前世界上最大的木结构古建筑群。

北京故宫初建于明永乐四年（1406年），历经14年至永乐十八年（1420年）基本建成（清代只做了部分改建和重建），迄今570多年中历经24个皇帝。

故宫南面是南北狭长的前庭，有天安门和端门，它们成为宫门前面一长列建筑的前奏。午门后为一方形广场，它的上面横贯着弯曲的金水河，河上跨五座汉白玉单拱石桥，桥北是九间重檐庑殿顶的太和门，其两侧并列昭德、贞度二门。广场东西有通往文华殿和武英殿的协和、熙和二门。进入天安门，通过端门之后就是午门，午门是宫城的正门，在"凹"形的城墙台基上

故宫

第四章 冠绝天下——故宫

建庑殿顶城楼,左右各建两座崇阁,与庑廊连为一体,构成庄严华美气度非凡的五凤楼。再其后就是太和殿,中间是方形单檐攒尖顶的中和殿,最后为九间重檐歇山顶的保和殿,三大殿是故宫中最壮观的建筑群。城四面开门:东为东华门,南为午门,西为西华门,北为神武门,四角矗立风格绮丽的角楼。而故宫墙外则被有名的护城河环绕。

故宫建筑在巨大的白色大理石上,大理石呈"土"字形,三级基座上的太和殿、中和殿、保和殿三大殿为中心和文华殿、武英殿为两翼的建筑群为前朝。前朝是皇帝举行大典和召见群臣、行使权力的主要场所。以乾清宫、交泰殿、坤宁宫"后三宫"为中心和东西六宫为两翼的建筑群是后廷,后廷是皇帝处理日常政务和后妃、皇子们居住、游玩的地方,建筑气氛与前朝迥然不同。从乾清门开始,在中轴线上的建筑物有乾清宫、交泰殿、坤宁宫及其周围十二座宫院。乾清宫东西的六组自成体系的院落,即东六宫和西六宫,每组院落都以前后殿、东西庑的标准格局组成。东六宫南面有奉先殿、斋宫和毓庆宫,西六宫前面是养心殿。内廷中轴线之东有宁寿宫一组建筑,称"外东路";西有慈宁宫、寿康宫、英华殿等。内廷另有花园三座,御花园在故宫中轴线最北部的煞尾处,宁寿宫花园在宁寿宫养性殿之西,慈宁宫花园在慈宁宫之前。

从故宫的建筑形制来看,形象单一,模式固定,体量不大,并无特别令人景仰的特色。但它遵循了中国传统文化的"整体意识",以群体空间组合和建筑体量的差别创造出强大的气势,震撼了人们的心灵;以富丽多变的装饰,规格化的彩绘、雕刻、陈设和大片黄色的琉璃屋顶及红墙、红柱等来表达统一中的"个性差异变化",从而为全部建筑披上了一层庄严肃穆的色彩。故宫以"外城威、内城严、内廷规"的思想表露出国威、家法、人情;以天安门广场的雄伟壮阔、午门广场的静穆、太和殿前广场的威严来凸显天子在上、臣民在下的封建等级思想。大量的小品建筑如华表、石狮、铜龟、铜鹤、日晷、嘉量、御路、栏杆、影壁等,均构成了局部的艺术点缀。故宫的色彩以红、黄为主,以黄色为尊,取"土"属五行中的中央之位和富贵之色。

故宫在总体布局上,继承了前人的经验并有所发展,充分显示了比实用功能更为重要的封建宗法礼制和皇权政治的精神作用。一座座殿宇在明确的中轴线贯穿下,层层递进,高潮迭起;一组组院落,或空阔,或狭窄,收放自如,张弛有度,形成院落间的强烈对比。

故宫建筑群体现了我国古代建筑艺术的特殊风格和杰出成就,是世界上优秀的建筑群之一。而这一杰作，从明代永乐年间创建后，500余年中，不断重建、改建，动用的人力和物力是难以估计的，真可谓"穷天下之力奉一人"。所以，宏伟壮丽的故宫，是我国古代劳动人民智慧和血汗的结晶。

故宫的建筑特色

故宫是严格按照《周礼·考工记》中"前朝后寝，左祖右社"的帝都营建原则所建造的。从整个故宫来说，其建筑布置上都体现了皇权的至高无上。从其功能上来说，符合封建社会的等级制度。与此同时，也达到了左右均衡和形体变化的艺术效果。就中国建筑的屋顶来说，其形式是多种多样的，在故宫建筑中，就有10种以上不同形式的屋顶。故宫建筑屋顶满铺各色琉璃瓦件。其中主要的殿座是黄色，而绿色用于皇子居住区的建筑。其他蓝、紫、黑、翠以及孔雀绿、宝石蓝等五彩缤纷的琉璃则多用在花园或琉璃壁上。例如，太和殿屋顶当中正脊的两端各有琉璃吻兽，稳重有力地吞住大脊。吻兽的造型非常优美，不仅是太和殿屋顶的构件，同时也起着装饰作用。一部分瓦件塑造出各种各样的立体动物形象，如龙凤、狮子、海马等，它们象征着吉祥和威严。故宫前部宫殿，庭院较为开阔，太和殿坐落在紫禁城对角线的中心，四角上各有十只吉祥瑞兽，生动形象，栩栩如生。这样可以将皇帝的威严充分体现出来。后部内廷却要求庭院深邃，建筑紧凑，所以东西六宫都自成一体，各有宫门宫墙，相对排列，秩序井然，再配以宫灯联对，绣榻几床，都是体现豪华生活的布置。

北京故宫是汉族建筑之精华。北京故宫为明代修建，清承明制，而且有所增加。故宫建筑群充分体现了汉式宫殿建筑的以下特点：

1. 故宫建筑取坐北朝南的方向，在施工之前，通过立华表来确定其方位。表是直立的标竿，取长短相等的两表，观测早晚其日影长度相等的两点，将其连成一线，也就是正东正西方向。通常建筑立木为表，工匠即依照所指方向开沟奠基。在天安门之前，立雕饰石柱为华表，指示整座紫禁城的建筑方向，而且与主体建筑风格相协调，起着装饰作用。

故宫建筑的屋檐

2. 平面布局以太和殿为主体，取左右对

称的法式排列其他各种建筑，如殿堂、楼阁、台榭、廊庑、亭轩、门阙……

3. 殿堂建筑以木构架支撑，都柱底下有石柱础，砖修墙体进行北、西、东三面维护，坐北朝南，上盖金黄色琉璃瓦屋顶。

4. 屋顶正脊两端的正脊吻及垂脊吻上有大型陶质兽头装饰，戗脊上饰有若干陶质蹲兽，歇山式屋顶有宝顶。

5. 斗拱檐桁额枋表面刻画不同的图案和花纹，有动物纹样、植物纹样、自然纹样、几何纹样、文字花纹、器具花纹等，其有着双重功效，即美观和防腐。

6. 从宫殿装饰色彩来看，屋顶多用金黄色，立柱门窗墙垣等处多用赤红色装饰，檐枋多施青蓝碧绿等色，衬以石雕栏板及石阶之白玉色，这样的对比较为鲜明。

知识链接

冷宫

究竟什么地方是"冷宫"？这需要我们首先了解"三宫六院"。故宫中路乾清宫、交泰殿、坤宁宫称为"三宫"。六院分别指东路六宫和西路六宫。在封建时代，帝王的权力是至高无上的，他可以随心所欲地挑选妃嫔。在宫中，皇帝有非常多的妻妾，但是如果一旦失宠，其就会被禁在宫中等死，特别悲惨。故宫的"冷宫"并没有固定的地方，而凡是关禁王妃、皇子的地方都被称为"冷宫"。如果查资料的话可以发现，冷宫并不是指某一个宫室的正式命名。

例如，明末天启帝时，成妃李氏因为得罪了权势显赫的太监魏忠贤，因此被从长春宫赶到御花园西面的乾西宫，被幽禁四年。这座"冷宫"在紫禁城内之西。

故宫中轴线

　　为了将至高无上的权威充分体现出来，故宫中有一条贯穿宫城南北的中轴线，在这条中轴线上，按照"前朝后寝"的古制，布置着三大殿和帝后居住的后三宫。三大殿是太和殿、中和殿和保和殿，它们象征政权中心，而后三宫则是乾清宫、交泰殿和坤宁宫。在其内廷部分，左右各形成一条以太上皇居住的宫殿——宁寿宫，和以太后太妃居住的宫殿——慈宁宫为中心的次要轴线，这两条次要轴线又和外朝以太和门为中心，与左边的文华殿，右边的武英殿相呼应。两条次要轴线和中央轴线之间，有斋宫及养殿，其后面就是妃嫔居住的东西六宫。因为考虑到要进行防御，所以这些宫殿外围的宫墙是非常高的，通常为10多米。四角有角楼，外有护城河。

　　事实上，这条中轴线不仅贯穿在紫禁城中，而且南达永定门，北到鼓楼、钟楼，贯穿整个北京城，蔚为壮观。

故宫四门

　　故宫有四个门，正门名为午门。午门有5个洞。其平面呈凹形，较为宏伟壮观。午门后有5座精巧的汉白玉拱桥通往太和门。东门名东华门，西门名西华门，北门名神武门。在故宫的四个城角上都有角楼，结构绮丽。

　　午门，俗称五凤楼。东西北三面通过城台相连，环抱一个方形广场。其中有1组建筑。正中有重楼，重檐庑殿顶，在左右伸出两阙城墙上，建有四

午门门楼建筑

座楼阁，明廊相连，两翼都有殿屋向南伸出，四隅各有高大的角亭，辅翼着正殿。这种形状的门楼被称为"阙门"，它代表着中国古代大门中的最高形式。这组城上的建筑是故宫宫殿群中第一高峰。午门是皇帝下诏书、下令出征的地方。每当宣读皇帝圣旨、颁发年历书的时候，文武百官都要聚集在午门前广场听旨。从南面来看，午门有3个门洞，但是从北面来看，则有5个门洞，在古人看来，这种"明三暗五"的建筑格式是非常吉利的。事实上，南面的两个门洞位于午门东西两侧城墙上。在平时，只有皇帝才能从午门当中的正门来进出。而其他人，如皇帝大婚时皇后进一次，殿试考中状元、榜眼、探花的三人可以从此门走出一次。文武大臣从东侧门进出，宗室王公则从西侧门出入。

在明朝的时候，神武门被称为"玄武门"，玄武是古代四神兽之一，从方位上来说，左青龙，右白虎，前朱雀，后玄武，玄武主北方，因此帝王宫殿的北宫门通常被称为"玄武"。因为清康熙帝名叫"玄烨"，所以为了避其名讳，在康熙年间改名"神武门"。神武门也是城门楼的一种形式，用的最高等级的重檐庑殿式屋顶，然而它的大殿只有五开间加围廊，没有左右向前伸展的两翼，因此在形制上来说，它要比午门低一个等级。神武门是宫内日常出入的门禁。而现在神武门则是故宫博物院的正门。

东华门与西华门遥相呼应，门外设有下马碑石，门内有南北流向的金水河，上架1座石桥，桥北为三座门。东华门与西华门有相同的形制，平面为矩形，有红色城台，白玉须弥座，其中辟3座券门，券洞外方内圆。城台上建有城楼，黄琉璃瓦重檐庑殿顶，城楼面阔5间，进深3间，四周出廊。在故宫四门中，只有东华门门钉的规制与其他三门不同，因为古人认为奇数是阳数，所以九就是阳数。因此，其他三门的门钉都是"横九纵九"，这代表着皇权的至高无上。但是东华门是"横九纵八"，八九七十二为阴数。之所以会采用这种建筑形制，主要就是考虑了五行之说。皇帝死后其灵柩就从东华门运出，所以也被称为"鬼门"。

第二节
北京故宫内的名宫

 **乾清宫**

乾清宫是故宫内廷正殿,是内廷后三宫之一。面阔9间,进深5间,高20米,是黄琉璃重檐庑殿顶。乾清宫始建于1420年,明、清两代曾因数次被焚毁而重建,现有建筑为1798年所建。

乾清宫是皇帝处理日常政务、批阅各种奏章的地方,后来皇帝还在这里接见外国的使节。每当各种节日的时候,这里都会举行家族宴会。皇帝驾崩后,将灵柩停放在此殿。明朝历史中,有名的"壬寅宫变""移宫案""红丸案"等案件都发生在乾清宫。乾清宫宝座上方悬"正大光明"匾,它是雍正之后的皇帝秘密储藏传位诏书的地方,其神秘色彩非常浓厚。

乾清宫是后三宫之首,它位于乾清门内。"乾"意为"天","清"意为"透彻",它一方面象征着国家如透彻的天空一样稳定,另一方面也象征皇帝的所作所为如同透彻的天空一样坦荡。

乾清宫坐落在单层汉白玉石台基之上,建筑面积为1400平方米,自台面至正脊高20多米,檐角置9个脊兽,装饰有金龙和玺彩画,三交六菱花隔扇门窗。殿内明间、东西次间相通,而明间前檐减去金柱,减柱的建造形式是梁架结构,这样可以扩大室内的空间。后檐两金柱间设有屏风,而屏风前设宝座,东西两梢间为暖阁,后檐设仙楼,两尽间为穿堂,可通交泰殿、坤宁宫。殿内铺墁金砖。殿前宽敞的月台上,左右分别有铜龟、铜鹤、日晷、嘉量,前设镏金香炉四座,正中出丹陛,接高台甬路与乾清门相连。

第四章 冠绝天下——故宫

乾清宫古典建筑

储秀宫

储秀宫是明、清两代后妃居住的宫室。在西六宫当中，储秀宫是建筑装饰最为考究的一座宫殿。这是因为西太后慈禧刚进宫被封为"兰贵人"时，在这里居住。到了晚年，慈禧又从长春宫移居储秀宫，接连住了10年。当时，为庆贺西太后50岁生日，储秀宫等处被修缮一新，耗费白银63万两。现在储秀宫内外的陈设，就是庆贺西太后50寿辰时的原状。宫内富丽堂皇，各种家具的木材多用紫檀、花梨等硬木。陈设品中有精雕细刻的象牙龙船和凤船等。

储秀宫位于北京故宫咸福宫之东、翊坤宫之北。建于明永乐十八年（1420年）。嘉靖十四年（1535年）更名为"储秀宫"。清顺治十二年（1655年）重修。储秀宫为单檐歇山顶，面阔五间，前出廊。檐下斗拱、梁枋间饰以苏式彩画。东西配殿为养和殿、缓福殿，均为面阔3间，硬山顶式建筑。

储秀宫建筑

后殿丽景轩面阔5间，单檐硬山顶，东、西配殿分别为凤光室、猗兰馆。慈禧入宫后曾居住储秀宫后殿，并在此生下同治皇帝。

前殿悬挂有乾隆皇帝御笔匾为"茂修内治"。储秀宫庭院中，有两棵苍劲的古柏，台基下东西分设一对铜龙和一对铜鹿，这也是紫禁城东西六宫中唯一出现龙的特例。储秀宫外檐油饰采用色泽淡雅的"苏式彩画"，题材有花鸟鱼虫、山水人物和神仙故事等；门窗都是以质地优良的楠木雕刻的"万福万寿"和"五福捧寿"花纹。把整个庭院装饰得庄严古朴。储秀宫的内部装修精巧华丽。正间后面是楠木雕纹玻璃罩背。罩前设平台一座，平台上摆置紫檀木雕嵌寿字镜心屏风，屏风前设宝座、香几、宫扇、香筒等。

储秀宫门为楠木雕万字锦底、五福捧寿、万福万寿裙板隔扇门；窗饰万字团寿纹步步锦支摘窗。

明间正中设地屏宝座，后置五扇紫檀嵌寿字镜心屏风，上悬"大圆宝镜"匾。东侧有花梨木雕竹纹裙板玻璃隔扇，西侧有花梨木雕玉兰纹裙板玻璃隔扇，分别将东西次间与明间隔开。东次、梢间以花梨木透雕缠枝葡萄纹落地罩相隔，东次间南部设木炕，北部落地罩内为翘头案、桌椅；东梢间南部设木炕，北部为八角罩；西次、梢间以一道花梨木雕万福万寿纹为边框内镶大玻璃的隔扇相隔，内设避风隔，西次间南北部均设木炕，西梢间作为暖阁，是居住的寝室，南部设木炕，北部为寝床。

重华宫

重华宫位于北京内廷西路西六宫以北，本来是明代乾西五所之二所。当弘历还是皇子的时候，他居住在毓庆宫，在1727年成婚后，他移居乾西二所。在1733年，弘历被封为"和硕宝亲王"，其所居住的地方被命名为"乐善堂"。在弘历登上皇位之后，此处作为肇重华之名出自《书·舜典》，孔颖达疏："此舜能继尧，重其文德之光华。"尧舜都是上古时期贤明的帝王，在舜继承皇位之后，后人将尧舜统治期间的日子称为太平盛世。大学士张廷玉、鄂尔泰拟此宫名，其主要是说明乾隆皇帝有舜之德，继位名正言顺，他也能够把国家治理好，让百姓过上富足的日子。

重华宫沿用乾西二所的三进院落格局。前院正殿为崇敬殿，面阔5间，进深3间，黄琉璃瓦歇山顶，前檐正中接抱厦3间，这是在改建之后添置上去的。明间开门，古钱纹梭花隔扇门四扇，其余为槛窗。殿内正中悬弘历为和硕宝亲王时亲笔书匾额"乐善堂"。

重华宫乐善堂

中院正殿也就是重华宫，面阔5间，进深1间，为黄琉璃瓦硬山顶，明间开门，剩下的都是槛窗，前接抱厦3间。殿内明间与东、西次间均以紫檀雕花隔扇分隔，隔扇有着非常精美的雕刻，它是紫禁城宫殿内檐装修的上好的作品，东次间隔扇在1891年被拆除，后来改为子孙万代葫芦落地罩。

重华宫左右配殿各面阔3间，进深1间，为黄琉璃瓦硬山顶。东配殿曰"葆中殿"，殿内额曰"古香斋"，曾收贮《钦定古今图书集成》；西配殿曰"浴德殿"，殿内额曰"抑斋"，是乾隆皇帝的书房。院内东西各有一座井亭，东井亭内有井，西井亭只是为了对称而建设的，并没有井。后院正殿为翠云馆，两侧有耳房及东西配殿。翠云馆面阔5间，进深1间，黄琉璃瓦硬山顶，明间开门，剩下的都是槛窗。殿内是用黑漆描金来装修的，所以十分精美。东次间匾曰"长春书屋"，是乾隆皇帝在登上皇位之前读书的地方。

坤宁宫

坤宁宫是北京故宫内廷后三宫之一，它位于交泰殿后面，始建于1420年，但是在1514年、1596年两次毁于火，在1605年重建。清朝沿袭了明朝的制度，于是1645年重修，1655年仿盛京沈阳清宁宫再次重修。在1797年，乾清宫失火，所以坤宁宫的前檐被烧毁，1798年重修。乾清宫代表阳性，坤宁宫代表阴性，所以其分别称为皇帝和皇后的住所，有阴阳结合、天地合璧之意。

坤宁宫坐北朝南，面阔9间，进深3间，黄琉璃瓦重檐庑殿顶。在明代时期，坤宁宫是皇后的寝宫。在1655年改建之后，坤宁宫称为萨满教祭神的主要场所。它仿制盛京清宁宫，改原明间开门为东次间开门，原隔扇门改为双扇板门，其余各间的棂花隔扇窗均改为直棂吊搭式窗。室内东侧两间隔出为暖阁，用来居住，门的西侧四间设南、北、西三面炕，则用来祭神。与门相对，后檐设锅灶，主要是用来杀牲煮肉。因为是被皇家使用，所以即使是灶间也设棂花扇门，装饰较为考究和华丽。

在坤宁宫改建之后，其主要用来祭祀。坤宁宫的东端二间是皇帝大婚时的洞房。房内墙壁以红漆装饰，顶棚悬挂着双喜宫灯。洞房有东西二门，西门里和东门外的木影壁内外都以金漆双喜大字装饰，其寓意就是出门见喜。洞房的西北角是龙凤喜床，无论是床铺前挂的帐子，还是床铺上放的被子，它们都是江南精工织绣，因为上面各绣神态各异的100个玩童，所以被称作"百子帐"和"百子被"。在皇帝大婚的时候先在这里住两天，然后再到其他宫殿。如果是先结婚，后来再当上皇帝的，则享受不到这种待遇了。因此，清代只有年幼登基的康熙、同治、光绪三个皇帝用过这个洞房。在1665年玄烨大婚的时候，太皇太后指定大婚在坤宁宫行合卺礼。而同治皇帝、光绪皇帝大婚也是在坤宁宫举办。在雍正皇帝之后，皇帝移住养心殿，皇后也不再住坤宁宫，而其主要作为专供萨满教祭神的场所。

 翊坤宫

翊坤宫是内廷西六宫之一，是明、清两代后妃居住的地方。它于1417年建成。其刚开始被称为"万安宫"，后来在明嘉靖时改称"翊坤宫"，而清朝则沿用了明代的旧时称谓。

清代时期曾经多次修缮翊坤宫，本来是二进院，在清晚期把翊坤宫后殿改成穿堂殿，称为"体和殿"，东西耳房各改一间为通道，这样就可以使翊坤宫与储秀宫相连，最终所形成的格局为四进院。正殿面阔5间，为黄琉璃瓦歇山顶，前后出廊。檐下施斗拱，梁枋以苏式彩画装饰。门为万字锦底、五福捧寿裙板隔扇门，窗为步步锦支摘窗，以万字团寿纹装饰。明间正中设地平宝座、屏风、香几、宫扇，上悬慈禧御笔"有容德大"匾。东侧用花梨木

第四章 冠绝天下——故宫

透雕喜鹊登梅落地罩，西侧用花梨木透雕藤萝松缠枝落地罩，把正间与东、西次间隔开，东西次间与梢间用隔扇相隔。殿前设"光明盛昌"屏门，台基下陈设铜凤、铜鹤、铜炉各一对。溥仪逊帝时曾在正殿前廊下安设秋千，虽然已经拆掉秋千，但是还存在秋千架。东西有配殿曰"延洪殿""元和殿"，

翊坤宫

它们都是三间黄琉璃瓦硬山顶建筑。后殿体和殿，在清晚期，连通储秀宫与翊坤宫的时候，将其改为穿堂殿。面阔5间，前后开门，后檐出廊，黄琉璃瓦硬山顶。同时也有东西配殿，前东南有一座井亭。

清代慈禧太后住储秀宫的时候，每当遇重大的节日，慈禧太后都会在这里接受嫔妃们的朝拜。在1884年慈禧五十寿辰的时候移居储秀宫，而且也在这里接受大家的朝贺。而光绪帝选妃的时候也在这里进行。

知识链接

承乾宫

承乾宫是北京故宫的内廷东六宫之一。它于1420年建成，初名"永宁宫"，1632年更名为"承乾宫"。清朝沿袭了明朝的旧称。在1655年重修，1832年略有修葺。

　　承乾宫是两进院，正门南向，名"承乾门"。而前院正殿，也就是承乾宫，面阔5间，为黄琉璃瓦歇山式顶，檐角安放5个走兽石雕，檐下施以单翘单昂五踩斗拱，内外檐以龙凤和玺彩画装饰。明间开门，次、梢间槛墙、槛窗，双交四菱花扇门、窗。室内方砖墁地，天花彩绘双凤，正间内悬乾隆皇帝御题"德成柔顺"匾。殿前是宽敞的月台。东西各有3间配殿，明间开门，黄琉璃瓦硬山式顶，檐下饰旋子彩画。在1634年安匾于东西配殿，名"贞顺斋""明德堂"。

　　后院有5间正殿，明间开门，黄琉璃瓦硬山式顶，檐下施以斗拱，饰龙凤和玺彩画。两侧建有耳房。东西各有3间配殿，均为明间开门，黄琉璃瓦硬山式顶，饰以旋子彩画。后院西南角有一座井亭。承乾宫保存了明朝初期刚开始建造时的格局。

　　"承乾"意为在承乾宫居住的妃子，一定要对皇帝百依百顺，绝对不能对皇帝不敬。

　　承乾宫在明代的时候是贵妃居住的地方，而在清代的时候为后妃所居。

　　曾经在这里居住的人有清顺治帝孝献皇后董鄂氏，道光帝孝全成皇后、琳贵妃、佳贵人、咸丰帝云嫔、婉贵人。

永和宫

　　永和宫是内廷东六宫之一，它位于承乾宫之东、景阳宫之南。它于1420年建成，初名"永安宫"，在1535年改为永和宫。清沿明旧称，在1686年重修，在1765年进行了修缮，在1890年再次重修。在明代时期，永和宫是妃嫔的居所，而清代为后妃的居所。清康熙帝孝恭仁皇后曾经长期在这里居住。后来又有道光帝静贵妃，咸丰帝丽贵人、斑贵人、鑫常在等先后在此居住。在光绪皇帝结婚之后成为瑾妃的居所。

　　永和宫为二进院，正门南向，名"永和门"，前院正殿也就是永和宫，面

第四章 冠绝天下——故宫

阔 5 间，前接抱厦 3 间，黄琉璃瓦歇山式顶，檐角安走兽 5 个，檐下施以单翘单昂五踩斗拱，绘龙凤和玺彩画。明间开门，次、梢间皆为槛墙，上安支窗。正间室内悬乾隆御题"仪昭淑慎"匾，吊白樘箅子顶棚，方砖墁地。东西各有 3 间配殿，明间开门，黄琉璃瓦硬山式顶，檐下饰旋子彩画。东西配殿的北侧都是耳房，各 3 间。后院正殿名"同顺斋"，面阔 5 间，为黄琉璃瓦硬山式顶，明间开门，双交 4 扇门，中间两扇外置风门，次间、梢间槛墙，步步锦支窗，下为大玻璃方窗，两侧有耳房。东西有配殿各 3 间，明间开门，为黄琉璃瓦硬山式顶，檐下饰以旋子彩画。院西南角有一座井亭，已改为铜质压力井。此宫保持明初始建时的格局。

北京故宫永和宫

景仁宫

景仁宫是内廷东六宫之一。在 1420 年建成，初名"长宁宫"，1535 年更名"景仁宫"。清代沿用明朝旧称，在 1655 年重修，曾经进行两次修缮，分别是在 1835 年和 1890 年。

宫为二进院，正门南向，名为"景仁门"，门内有一座石影壁，相传是元代的遗物。前院正殿也就是景仁宫，面阔 5 间，黄琉璃瓦歇山式顶，檐角安放 5 只走兽，檐下施以单翘单昂五踩斗拱，饰龙凤和玺彩画。明间前后檐开门，次、梢间均为槛墙、槛窗，门窗双交四菱花隔扇式。明间室内悬乾隆御题"赞德宫闱"匾。天花图案为二龙戏珠，内檐为龙凤和玺彩画。室内方砖墁地，殿前有宽广的月台。东西各有 3 间配殿，明间开门，为黄琉璃瓦硬山式顶，檐下饰以旋子彩画。配殿南北各有耳房。

景仁宫门楼

后院正殿5间，明间开门，是黄琉璃瓦硬山式顶，檐下施以斗拱，饰龙凤和玺彩画。两侧各建耳房。殿前东西各有3间配殿，也为明间开门，黄琉璃瓦硬山式顶，檐下饰旋子彩画。院西南角有一座井亭。此宫保持明初始建时的格局。

在明代时期，景仁宫是嫔妃的居所。在1654年3月，康熙帝在这里出生。在1703年，和硕裕亲王福全丧，为了悼念亡兄，康熙帝暂时在这里居住。此后，后宫妃嫔一直居住在这里，如乾隆帝生母孝圣宪皇后、咸丰帝婉贵妃和光绪帝珍妃。

慈宁宫

慈宁宫位于北京故宫内廷外西路隆宗门西侧。它在1536年开始修建，以仁寿宫的故址为基础，然后将大善殿撤除而建成的。在万历年间，因为遭遇火灾而重新被修建。清沿明制，在1653年、1689年、1751年都对其进行修葺，然后成为皇太后居住的正宫。在1769年兴工将慈宁宫正殿由单檐改为重檐，并将后寝殿后移，也就形成了我们现在所看到的样子。

第四章　冠绝天下——故宫

慈宁宫

慈宁宫门前有一个广场，该广场为东西向，而且非常狭长，两端分别是永康左门、永康右门，南侧为长信门。慈宁门位于广场北侧，内有高台甬道与正殿慈宁宫相通。院内东西两侧为廊庑，折向南与慈宁门相接，北向直抵后寝殿的东西耳房。前院东西庑正中各开一门，东曰"徽音左门"，西曰"徽音右门"。

正殿慈宁宫居中，前后出廊，是黄琉璃瓦重檐歇山顶。面阔7间，当中5间各开4扇双交四菱花隔扇门。

按照封建礼仪，皇帝是不允许与前朝的妃嫔同时居住在东西六宫的，所以为了安置这些老嫔妃，就建造了慈宁宫，以供她们居住。

咸福宫

咸福宫是内廷西六宫之一。它于1420年建成，初名"寿安宫"，在1535年更名为"咸福宫"。清沿明旧称，在1683年重修，在1897年再次修缮。

咸福宫为两进院，正门是咸福门，它是黄琉璃瓦门，内有四扇木屏门影壁。前院正殿额曰"咸福宫"，面阔3间，是黄琉璃瓦庑殿顶，形制与西六宫其他五宫不同，与东六宫相对称的是景阳宫，其有着相同的形制。前檐明间安扇门，其余为扇槛窗，室内井口天花。后檐仅明间安扇门，其余为檐墙。殿内东壁悬乾隆皇帝《圣制婕妤当熊赞》，西壁悬《婕妤当熊图》。山墙两侧有卡墙，设随墙小门以通后院。而且有很多耳房。

后院正殿名"同道堂"，面阔5间，硬山顶，东西各有3间耳房。前檐明间安扇门，有帘架，余间为支摘窗；后檐墙不开窗。室内设落地罩隔断，顶棚为海墁天花。殿内东室匾额为"琴德"，曾藏古琴；西室"画禅室"，所贮王维《雪溪图》、米之晖《潇湘白云图》等画卷都是董其昌画禅室旧藏，所以以"画禅室"命名。堂前东南有一座井亭。

咸福宫是后妃的居所，前殿为行礼

咸福宫

升座的地方，后殿为寝宫，在乾隆年间，咸福宫改为皇帝偶尔起居的地方。在1799年正月，乾隆皇帝驾崩，嘉庆帝居住在这里守孝，下令不设床，只是铺白毡、灯草褥，以此宫为苫次，直到10月份才移居养心殿。从此之后，咸福宫就一直是妃嫔的住所。在1850年，咸丰皇帝居住在咸福宫为道光皇帝守孝，虽然守孝期已满，但是仍然时常居住在这里。

永寿宫

永寿宫是内廷西六宫之一。它于1420年建成，初名"长乐宫"，1535年改名"毓德宫"，1616年更名为"永寿宫"。1655年、1697年、1897年都曾对此进行过修葺，但是仍然基本保持了明朝初期初建时的格局。

永寿宫为两进院，前院为正殿，面阔5间，为黄琉璃瓦歇山顶；外檐装修，明间前后檐安双交四菱花扇门，次间、梢间为槛墙，上安双交四菱花扇窗。殿内高悬乾隆皇帝御笔匾额"令仪淑德"，东壁悬乾隆《圣制班姬辞辇赞》，西壁悬《班姬辞辇图》。1741年，乾隆皇帝下令内廷东西11宫的匾额"俱照永寿宫式样制造"，在其挂起之后便不允许随便更换。

正殿东西各有3间配殿。后院有5间正殿，东西有耳房。殿前东西也各有3间配殿。院落东南有1座井亭。

永寿宫是明代妃嫔、清代后妃居住的地方。顺治皇帝恪妃、嘉庆帝如妃都曾在此居住。1735年，雍正皇帝驾崩之后，崇庆皇太后也就是孝圣宪皇后也居住在永寿宫。

景阳宫

景阳宫是内廷东六宫之一,位于钟粹宫之东、永和宫之北。景阳宫于1420年建成,初名"长阳宫",1535年更名为"景阳宫"。清时沿用明朝旧称,在1686年进行重修。明代,景阳宫是妃嫔居住的地方,明神宗的孝靖皇后曾经在这里居住。清朝康熙二十五年(1686年)重修后将其用作收藏图书之所。

景阳宫为二进院,正门南向,名"景阳门"。前院正殿也就是景阳宫,面阔3间,黄琉璃瓦庑殿顶,与东六宫中其他五宫的屋顶形式不同:檐角安放走兽5个,檐下施以斗拱,绘龙和玺彩画;明间开门,次间为玻璃窗。明间室内悬乾隆御题"柔嘉肃敬"匾;天花为双鹤图案,内檐饰以旋子彩画;室内方砖墁地;殿前是月台。东西各有3间配殿,明间开门,黄琉璃瓦硬山式顶,檐下饰旋子彩画。

景阳宫后院正殿名为"御书房",面阔5间,明间开门,黄琉璃瓦歇山式顶;次、梢间为槛墙、槛窗,檐下施以斗拱,饰以龙和玺彩画。清朝乾隆年间,因为将高宗所书的《毛诗》及马和之所绘的《诗经图》卷收藏在这里,

北京故宫景阳宫

所以乾隆御题匾额曰"学诗堂"。景阳宫东西各有3间配殿，明间开门，为黄琉璃瓦硬山式顶；檐下饰以旋子彩画；西南角有一座井亭。景阳宫东配殿名为"静观斋"，西配殿名为"古鉴斋"。如今，景阳宫仍然保存着初建时的格局，常年在此展示故宫收藏的珐琅器文物。

德寿宫

南宋时人们常称德寿宫为"北内"或"北宫"。德寿宫是南宋高宗、孝宗禅位后为养老修建的一组宫殿建筑。其规格与皇宫不相上下。

德寿宫始建于绍兴三十二年（1162年），是在秦太师赐第的基础上扩建而成的，规模宏大。东接吉祥巷、南至望江路、西临中河、北靠水亭址。

德寿宫坐北朝南，其布局与皇城相近，宫中建有德寿殿、后殿、灵芝殿、射厅、寝殿、食殿等十余座殿院。供太上皇生活、读书、娱乐、颐养天年。其大门外建有百官待漏院，可容数千人，是群臣朝见拜谒太上皇时肃立恭候的地方。大门之内是德寿宫大殿，巍峨壮观，富丽堂皇，是太上皇接见皇帝、百官和举行各种大典的地方。

1189年，孝宗仿效高宗内禅退居德寿宫，并改名"重华宫"。此宫后又侍奉宪圣太后，寿成皇太后，先后改名为"慈福宫""寿慈宫"。1268年，度宗将其地一半改建成道宫，名"宗阳宫"，一半废为民居。至清初，此地渐为官署、民居所占。

知识链接

寿安宫和寿康宫

1. 寿安宫

寿安宫位于内廷外西路寿康宫以北，英华殿以南。它最初是建于明代，初名为"咸熙宫"，在1525年改名"咸安宫"。清初沿明制，在雍正时期，

第四章　冠绝天下——故宫

在此兴办咸安宫官学，在1751年咸安宫官学从这里移出。也就是在这一年，乾隆皇帝为了庆贺皇太后的60岁寿辰，在对此宫进行修葺之后称为"寿安宫"。在1760年，为了给皇太后庆祝七十大寿，在院中添建一座三层大戏台。大戏台在1799年被拆除，戏楼改建为春禧殿后卷殿。

据资料，我们可以得知，寿安宫前后分为三进院落，东西各有跨院。正门寿安门为随墙琉璃门三座，当中门内设四扇木屏门照壁一座，上覆黄色琉璃瓦。第一进院正殿为春禧殿，现在我们可以看到的建筑是在1989年重建的。此殿南向，面阔5间，为黄琉璃瓦单檐歇山顶，明间开门，其余为槛窗。殿左右辟穿堂门，与第二进院相通。

中院正殿寿安宫面阔5间，进深3间，是黄琉璃瓦歇山顶，明间退进一间，设步步锦隔扇门4扇，次间、梢间设槛窗。后檐明间开门，次间、梢间设槛窗。殿两侧山墙各出转角延楼，环抱相属，向南与春禧殿后卷殿两山相连。

寿安宫后为第三进院，院中叠石为山，东西各有三开间小殿，名为"福宜斋""萱寿堂"。

2. 寿康宫

寿康宫位于内廷外西路的慈宁宫西侧。始建于1735年，建成于1736年，1820年和1890年进行重修。

寿康宫为南北三进院，院墙外东、西、北三面都有夹道，西夹道外有数间房。院落南端寿康门为琉璃门，门前为一个小广场，广场东侧是徽音右门，与慈宁宫相通。

寿康门内正殿也就是寿康宫。殿坐北朝南，面阔5间，进深3间，为黄琉璃瓦歇山顶，前出廊，明间、次间各安三交六菱花扇门4扇，梢间为三交六菱花隔扇槛窗各四扇，后檐明间与前檐明间相同，其余开窗。殿内悬乾隆皇帝御书"慈寿凝禧"匾，东西梢间辟为暖阁，东暖阁是皇太后日常礼佛的佛堂。殿前有月台，台前出三阶，而且还铺设了石路，月台左右都有一阶。

寿康宫东西配殿面阔各3间，是黄琉璃瓦硬山顶，前出廊。东配殿明间安扇门，西配殿明间扇、风门是后来改装的。次间都是槛窗，每间用间柱进行划分，分为两组，窗棂都是一抹三件式。两配殿南设耳房，北为连檐通脊庑房，与后罩房相连。

寿康宫以北是第二进院，后殿是寿康宫的寝殿，额上为"长乐敷华"，而且通过甬道与寿康宫相连。殿面阔5间，进深3间，黄琉璃瓦歇山顶。前檐出廊，明间安步步锦隔扇、玻璃风门，次、梢间安窗，上为步步锦窗格，下为玻璃方窗。室内以扇分为5间。后檐明间开扇门，后罩房直接相连。

毓庆宫

毓庆宫位于内廷东路奉先殿与斋宫之间，它是1679年在明代奉慈殿基址上修建而成的。在1794年，宫内添建一座大殿以及游廊、抱厦，在1801年继续扩建，在1890年和1897年加以修缮。

毓庆宫是由长方形院落组成的建筑群，前后共4进。正门前星门，门内为第一进院落，有3座值房，西墙开阳曜门与斋宫相通。过院北祥旭门为第二进院落，正殿本殿，东西各有3间配殿。

第三进院东西两侧各有20间围房，直抵第四进院，正殿也就是毓庆宫，建筑为"工"字殿。前殿面阔5间，进深3间，为黄琉璃瓦歇山顶，前檐明间开门，次间、梢间为槛窗，后檐明间接穿廊与后殿相通。穿廊面阔1间，进深3间，东西两侧都是槛窗。后殿面阔5间，进深3间，黄琉璃瓦歇山顶，前檐明间与穿堂相通，廊檐安小板门，次间、梢间为槛窗，后檐均为槛窗。后殿室内明间悬匾曰"继德堂"，西次间为毓庆宫的藏书室，所以，嘉庆皇帝赐名"宛委别藏"，东山墙接悬山顶耳房一间与东围房相通。东耳房内悬嘉庆皇帝御笔匾曰"味余书室"，其东侧围房内"知不足斋"匾也是嘉庆皇帝御笔所写。因为毓庆宫内装修特别考究，甚至很多房门都分不清是真是假，所

第四章 冠绝天下——故宫

毓庆宫

以被称为"小迷宫"。

最后一进院内有后罩房，面阔5间，进深3间，为黄琉璃瓦悬山顶，前檐出廊，明间开门，次间、梢间为槛窗，东西两侧有耳房，与东西庑房转角相接。

毓庆宫是在康熙年间专门为皇太子允礽所建立的，后来成为皇子居住的地方。乾隆皇帝从12岁到17岁一直居于在这里。嘉庆皇帝5岁的时候曾经与兄弟子侄等人在这里居住，后来迁往撷芳殿，在1795年即位后又迁回毓庆宫。同治、光绪两朝，毓庆宫一直是皇帝读书的地方。光绪皇帝也曾经居住于此。

长春宫

长春宫是内廷西六宫之一，它于1420年建成，初名"长春宫"，在1535年改称"永宁宫"，在1615年复称"长春宫"。在1683年重修，后又多次修

整。在1859年拆除长春宫的宫门长春门，而且把太极殿后殿改为穿堂殿，咸丰帝题额曰"体元殿"。就这样，长春宫与启祥宫两宫院相互连接。

长春宫为黄琉璃瓦歇山式顶，前出廊，明间开门，隔扇风门，竹纹裙板，次、梢间均为槛窗，步步锦支窗。明间设地屏宝座，上悬乾隆皇帝御笔所题的"敬修内则"匾。左右都有帘帐与次间相隔，梢间靠北设落地罩炕，为寝室。殿前左右分别设有1对铜龟和1对铜鹤。东配殿曰"绥寿殿"，西配殿曰"承禧殿"，各3间，前出廊，与转角廊相连，可以与各殿相通。长春宫南面，也就是体元殿的后抱厦，它是长春宫院内的戏台。在其东北角和西北角都有一道屏门，与后殿直接相连。

后殿与长春宫是同一时间建成的，面阔5间，东西各有3间耳房。东配殿曰"益寿斋"，西配殿曰"乐志轩"，各3间。后院东南有一座井亭。

长春宫是明代妃嫔所居住的地方，天启年间李成妃曾经居住在这里。清代为后妃所居，乾隆皇帝的孝贤皇后曾在这里居住，死后灵柩也被停放在这里。慈禧太后一直在这里居住到1884年。

长春宫

第四章 冠绝天下——故宫

 知识链接

御花园

御花园位于紫禁城中轴线上，坤宁宫后方，明代称为"宫后苑"，清代称御花园。始建于明永乐十八年（1420年），以后曾有增修，现仍保留初建时的基本格局。全园南北纵80米，东西宽140米，占地面积12000平方米。园内主体建筑钦安殿为重檐盝顶式，坐落于紫禁城的南北中轴线上，以其为中心，向前方及两侧铺展亭台楼阁。园内青翠的松、柏、竹间点缀着山石，形成四季长青的园林景观。

故宫御花园御景亭

第三节 北京故宫名殿

 **太和殿**

北京故宫太和殿是"东方三大殿"之一，也是中国现存最大的木结构大殿，我们通常称其为"金銮殿"，它象征着皇权。太和殿位于北京紫禁城南北

主轴线的显要位置，在1420年建成，称为"奉天殿"。在1562年改称"皇极殿"，在1645年改为太和殿。在其建成之后屡次遭到焚毁，所以也进行了多次修建，现在我们所看到的是1695年重建后的形制。

太和殿是整个宫城的建筑主体及核心空间，上承重檐庑殿顶，下座3层汉白玉台基，采用金龙和玺彩画，屋顶有11件仙人走兽，11间开间，它们都是采用最高的形制。殿前设有广场，可容纳上万人朝拜庆贺，整个宫殿气势恢宏，太和殿匾额为"建极绥猷"，它是乾隆皇帝御笔而为。

太和殿建筑庄严堂皇，殿内中央摆有金漆雕龙宝座，两旁直立6根蟠龙金柱，上为穹隆圆顶，被称为"藻井"，其有镇压火灾的意味。"井"内巨龙盘卧，口衔宝球，称为"轩辕镜"，分外精美。太和殿外左右安放四只大铜缸，象征"金瓯无缺"；东有日晷，西有嘉量，说明了皇权是公正平允的。另有铜龟、铜鹤各一对，象征"龟鹤千秋"。

太和殿面阔11间，进深5间，是紫禁城内规模最大的殿宇。殿前的平台非常宽阔，被称为"丹陛"，俗称"月台"。殿下是3层汉白玉石雕基座，周围环以栏杆。栏杆下安有排水用的石雕龙头，每到雨季的时候就能看到千龙吐水的奇景。

紫禁城内体量最大、等级最高的建筑物就是太和殿，无论是从建筑规制上，还是从装饰手法上来说，都可以称为是中国古代建筑之首。而太和

太和殿

殿上建筑形式最高的则是重檐庑殿顶，屋脊两端安有巨大的大吻，在中国古建筑的戗脊上都装饰有一些小兽，关于这些小兽的排列也有着较为严格的规定。按照建筑等级的高低，数量也有所不同，其中最多的是故宫太和殿上的装饰，这在中国宫殿建筑史上是独一无二的，足以显示出了其重要地位。第一个饰物是一个骑凤仙人，据说他本是南朝的齐明王，后来修道之后成仙。仙人之后是十个小兽，即龙、凤、狮子、天马、海马、狻猊、狎鱼、獬豸、斗牛、行什。当然，关于小兽的数量也是有等级的，只有太和殿上才能齐全。中和殿是7个、保和殿是9个。其他殿上的小兽按级递减。

太和殿上有着非常豪华的装饰。檐下施以密集的斗拱，室内外梁枋上饰以级别最高的和玺彩画。门窗上部嵌成菱花格纹，下部浮雕云龙图案，接榫处安有镌刻龙纹的镏金铜叶。殿内金砖铺地。但是金砖并不是由黄金制成的，而是苏州特制的砖。表面较为淡黑、油润、光亮、不涩不滑。因为苏州地区的土质较好，做法较精，所以在烧制之后达到了"敲之有声，断之无孔"的程度，使用起来非常方便。但是在烧制过程中，程序是非常复杂的，一块砖起码要炼上1年。太和殿用72根大柱来支撑它的全部重量，其中最粗最高的是顶梁大柱。明代用的是楠木，其来源于四川、广西、云南、贵州等地。采取这种木材是非常困难的，因为它们生长在深山老林中。所以，有些百姓官员甚至冒着生命危险前去取材，民间有"进山一千（人），出山五百（人）"的说法。在清代重建之后，所用的是松木，其来源于东北三省的深山中。太和殿的明间设九龙金漆宝座，宝座两侧排列六根沥粉贴金云龙图案的巨柱，所贴金箔采用深浅两种颜色，这样可以突出图案。宝座前两侧有四对陈设，即宝象、甪端、仙鹤和香亭。宝象象征着国家的安定；甪端是传说中的吉祥动物；仙鹤象征长寿；香亭寓意江山稳固。宝座上方天花正中安置形若伞盖向上隆起的藻井。藻井正中雕有盘卧的巨龙，龙头下探，口衔宝珠。

中和殿

中和殿，在明朝时期称"华盖殿""中极殿"，在1645年开始称"中和殿"，它是故宫三大殿之一，位于太和殿后。在1420年建成。中和殿平面呈方形，黄琉璃瓦四角攒尖顶，正中有镏金宝顶。中和殿主要用来在皇帝去太

![紫禁城中和殿]

紫禁城中和殿

和殿举行大典之前在这里休息和演习礼仪。在去太和殿之前，皇帝在这里接受内阁大臣和礼部官员行礼，然后在太和殿举行仪式。与此同时，皇帝在祭祀天地和太庙之前，也要在这里审阅写有祭文的"祝版"。除此之外，到中南海演耕前，皇帝也要在这里审视一下耕具。中和殿曾经经历三次火灾，现在我们所看到的中和殿是在1627重建的。

　　中和殿平面呈正方形，面阔、进深各为3间，四面出廊，用金砖铺地。屋顶是单檐四角攒尖，屋面覆黄色琉璃瓦，中为铜胎镏金宝顶。殿四面开门，正面扇门12扇，东、北、西三面隔扇门各4扇，门前石阶东西各1出，南北各3出，中间为浮雕云龙纹御路，踏跺、垂带浅刻卷草纹。门两边为青砖槛墙，上置琐窗。殿内外檐均饰金龙和玺彩画，天花为沥粉贴金正面龙。殿内设地屏宝座。门窗的形制则取自《大戴礼记》所述的"明堂"，这样就避免三座大殿出现雷同的情况。

　　所谓中和就是指凡事都要做到不偏不倚，恰到好处，只有这样，才能使

第四章 冠绝天下——故宫

各方面关系和顺,也就达到了儒家所提倡的中庸之道。

中和殿内宝座前左右两侧是两只金质四腿独角异兽。这种兽的形象是人们想象出来的。据说它能懂得四方语言,而且还能预测未来。把它放在皇帝宝座两旁,其寓意就是为了说明君主贤明,同时可以用来烧檀香。放在中和殿地平台两侧的铜熏炉,其主要作用是生火取暖。清代宫中烧用的是"红萝炭",它是上好的木炭。这种木炭气暖而耐烧,灰白而不爆。在宝座的两边还有两顶轿子,它是清代皇帝在宫中的代步工具。

保和殿

保和殿,明朝称"谨身殿""建极殿",清顺治时始称"保和殿",也是故宫三大殿之一,在中和殿后。建成于明永乐十八年(1420年)。保和殿高27米,建筑面积为80平方米。平面呈长方形,黄琉璃瓦四角攒尖顶。屋顶有4条垂脊的亭子形的方殿。四脊顶端聚成尖状,上安铜胎鎏金球形的宝顶。保和殿是每年除夕皇帝赐宴外藩王公的场所,也是科举考试举行殿试的地方。清乾隆年间重修。每年除夕,皇帝在此宴请少数民族王公大臣。自乾隆后期,这里便成为举行"殿试"的场所。"殿试"是科举制度最高一级的考试,每三年举行一次,被录取者称"进士",前三名依次为"状元""榜眼""探花"。

太和殿和中和殿、保和殿都建在用汉白玉砌成的8米高的"工"字形基台上,三殿的位置是太和殿在前,中和殿居中,保和殿在后,远远望去,其好像就是神话中的琼宫仙阙。基台三层重叠,每层台上边缘都有汉白玉雕刻的栏板、望柱和龙头装饰,三台当中有三层石阶雕有蟠龙,它是为了衬托出以海浪和流云的"御路"。在台面上有许多块透雕栏板,雕刻多个云龙翔凤的望柱。这种装饰艺术是中国古代建筑的独特之处。在结构功能上,这种装饰又是台面的排水管道。在栏板地石下,刻有小洞口;在望柱下伸出的龙头

北京故宫保和殿

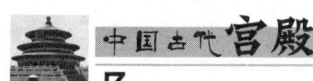

也刻出小洞口。每当雨季来临的时候，三台雨水逐层由各个小洞口下泄，水从龙头中流出来，有千龙喷水的景象，特别壮观。

保和殿面阔9间，进深5间。屋顶是重檐歇山顶，上覆黄色琉璃瓦，上下檐角均安放着9个小兽。上檐为单翘重昂七踩斗拱，下檐为重昂五踩斗拱。内外檐均为金龙和玺彩画，天花为沥粉贴金正面龙。六架天花梁彩画特别别致，与偏重丹红色的装修和陈设搭配协调，雍容华贵。殿内用金砖铺地，坐北朝南，设雕镂金漆宝座。东西两梢间为暖阁，安有板门两扇，上加木质浮雕如意云龙浑金毗卢帽。其建筑方法是减柱建造法，将殿内前檐金柱减去六根，这样就使得空间大大增大，让人感觉特别舒适宽敞。

知识链接

故宫三大殿

根据故宫的布局和功用，其建筑可以分为"外朝"与"内廷"两大部分。外朝以太和、中和、保和三大殿为中心，主要是皇帝行使权力、举行朝会的地方，所以也被称为"前朝"。此外，两翼东有文华殿、文渊阁、上驷院、南三所；西有武英殿、内务府等建筑。

交泰殿

交泰殿位于故宫中路，乾清宫后。在清朝时期，皇后生日当天，要在这里举行典礼，接受宫中人的朝贺。在交泰殿中存放着代表皇权的25个宝玺，宝玺放在宝盒内，上面覆盖着黄绫。如今，宝盒仍然被放在交泰殿中。交泰殿内陈列的大自鸣钟，其外壳是仿中国式楼阁形的木柜，共分上中下3层。钟楼背面有一小阶梯，登上阶梯，可以为自鸣钟上弦。

交泰殿是北京故宫内廷后的三宫之一，它位于乾清宫和坤宁宫之间，殿

第四章 冠绝天下——故宫

名取自《易经》，有"天地交合、康泰美满"的意思。大约是在明嘉靖年间建，公元1655年、1669年重修，1797年乾清宫失火，殃及此殿，所以在这一年进行重建。

交泰殿平面为方形，面阔、进深各3间，为黄琉璃瓦四角攒尖镏金宝顶。殿中设宝座，宝座后有4扇屏风，上有乾隆御笔《交泰殿铭》。殿顶内正中是八藻井。单檐

交泰殿

四角攒尖顶，铜镀金宝顶，黄琉璃瓦，双昂五踩斗拱，梁枋间饰龙凤和玺彩画。四面明间开门，三交六菱花，龙凤裙板隔扇门各四扇，南面次间为槛窗，其余三面次间均为墙。殿内顶部为盘龙衔珠藻井，地面铺墁金砖。殿中明间设宝座，上悬康熙帝御书"无为"匾，宝座后有一面板屏，上书乾隆帝御制《交泰殿铭》。东次间设铜壶滴漏，在乾隆年之后不再使用。在交泰殿内西次间一侧，设有一座自鸣钟，这是1798年制造的。宫中的时间都是以此为标准的。中国现存最大的古代座钟就是自鸣钟。

皇极殿

皇极殿是外东路的主体建筑。在1689年初建的时候，名为"宁寿宫"。在1772年修建时，改名为"皇极殿"，但是它的后殿仍然是"宁寿宫"。在1796年，已经86岁的太上皇也就是乾隆皇帝在皇极殿举行千叟宴，宴请的是朝廷中60岁以上的官员。他赏赐了两位年过百岁老人六品顶戴；而赏赐90岁以上老人的是七品顶戴。除此之外，他们还赏赐了老人们一些其他东西，如如意、寿杖、朝珠、貂皮……

在1772年到1776年改建宁寿宫一区建筑时，将宁寿宫改称为"皇极殿"，其主要是用作乾隆皇帝归政后临朝受贺的地方。

皇极殿位于宁寿宫区中轴线前部，与后殿宁寿宫前后排列于单层石台基之上，它的造型与乾清宫非常相似。皇极殿坐北朝南，面阔9间，进深5间，取"帝尊九五"的形制。黄极殿是黄琉璃瓦重檐庑殿顶，前檐出廊，枋下浑金雕龙雀替。左、右次间设殿门，余各次间下砌槛墙。后檐明、次间辟为殿

后门，可以直接到达宁寿宫，余各间砌墙。殿中四根沥粉贴金蟠龙柱，顶置八角浑金蟠龙藻井，下设宝座，在品级上仅次于太和殿。殿内左置铜壶滴漏，右置大自鸣钟，其制作非常考究。

皇极殿建于青白石须弥座上，前出月台。御路与甬道相连接，直穿宁寿门，四周通饰汉白玉石栏板。月台左右及甬道两侧各设台阶。殿两侧为垂花门、看墙，分别与东、西庑房相接，将院落隔为前后两进。庑中开门，东为凝祺门，西为昌泽门。

皇极殿丹陛左右分别放有日晷和嘉量，它们充分体现了皇权的重要。御道两侧各有一个六方须弥座，座上置重檐六角亭，亭身每面各有三个镌篆体"寿"字。石座中心铸有铁胆，每年腊月23至25日就会在其中改立灯杆，这是古代多用途基座实例，现在只存在这样一座。除此之外，在1773年曾安设铜龟、铜鹤各一对，鼎炉两对，现在已经不复存在了。

皇极殿彩画原为金龙和玺彩画，在这里曾经举办过慈禧太后的六十岁寿辰。1979年重新修缮后，恢复了乾隆时期的风貌。

皇极殿建筑

第四章 冠绝天下——故宫

奉先殿

奉先殿位于紫禁城内廷东侧，是明、清皇室祭祀祖先的家庙，在明朝初期开始建立。清沿明制，在1657年重建，后来又多次进行修缮。

奉先殿是建立在白色须弥座上的"工"字形建筑，四周都是被高垣包围。前为正殿，后为寝殿。前殿面阔9间，进深4间。为黄色琉璃瓦重檐庑殿顶，檐下彩绘金线大点金旋子彩画。前檐中5间开门，是三交六菱花隔扇门，后檐中5间接穿堂，其余都为槛窗。殿内设列各种圣列，如龙凤神宝座、笾豆案、香帛案、祝案、尊案……后殿面阔9间，进深2间。为黄色琉璃瓦单檐庑殿顶，外檐彩画也为金线大点金旋子彩画。前檐中5间接穿堂，余为槛窗。殿内每间依后檐分为9室，其主要是为了供奉圣列后神牌。前后殿之间通过穿堂相连，最终形成内部通道。室内都是以金砖铺地，浑金莲花水草纹天花。殿前陈设日晷、嘉量。须弥座及月台四周设栏板、龙凤纹望柱。没有配殿、庑房，只是在殿前奉先门外正南有13间群房，是神库、神厨。东边是一座小院，内有一座3间的小殿，它是明嘉靖帝朱厚为奉其父兴献王朱所建。

奉先殿前殿主要供陈设宝座用，宝座都是木雕罩金漆，而且设有坐垫和靠背，在举行祭祀活动的时候，需要将供奉于后殿的已故帝后牌位移至前殿，把这些牌位安放在宝座的木座上，所以宝座数目与后殿所供牌位数是相同的。前殿中还有各种各样的物品，如供桌、供器、祭器……奉先殿后殿内原分有隔间，每间供奉一代帝后神龛，神龛内各有一个金漆宝座，帝后牌位安置在

奉先殿

上面，每个牌位都附有一床锦被、一个枕头。到清朝灭亡的时候，一共有 33 个牌位。在隔间外也设置宝座，数目也与牌位数相同，在清朝灭亡的时候一共有 33 把。除此之外，后殿中也有各种各样的物品。如各类供桌与供器、祭器、灯具……

养心殿

养心殿建于明嘉靖年间，位于内廷乾清宫西侧。清初顺治皇帝就是在这里病逝。康熙年间，这里曾经是宫中造办处的作坊，主要制作宫廷御用物品。自从雍正皇帝居住在养心殿之后，造办处的各作坊就逐渐迁出内廷，从此之后，这里就成为清代皇帝的寝宫，并一直延续下去，直到乾隆年加以改造、添建，最终成为一组多功能建筑群，用来召见群臣、处理政务、皇帝读书、学习及居住。直到溥仪出宫，在清代，共有 8 位皇帝曾经居住在养心殿。

养心殿为"工"字形殿，前殿面阔 3 间，进深 3 间。黄琉璃瓦歇山式顶，明间、西次间接卷棚抱厦。前檐每间各加方柱两根，看上去如同 9 间。养心殿的名字出自孟子的"存其心养其性以事天"，其基本的意思就是涵养天性。为了更好地采光，养心殿成为紫禁城中第一个装上玻璃的宫殿。皇帝的宝座设在明间正中，上悬雍正御笔"中正仁和"匾。明间东侧的"东暖阁"内设宝座，再往西就是慈禧和慈安两位太后垂帘听政的地方。明间西侧的西暖阁则分隔为数室，有皇帝看阅奏折、与大臣秘谈的小室，曰"勤政亲贤"，有乾隆皇帝的读书处三希堂，还有小佛堂、梅坞，它们主要是供皇帝拜佛、休息的地方。

养心殿的后殿是皇帝的寝宫，共有 5 间，东西梢间为寝室，都放有床，皇帝可以任意居住。后殿两侧各有 5 间耳房，东 5 间为皇后随居的地方，西 5 间为贵妃等人的住处。寝宫两侧各设有 10 多间围房，房间较为矮小，陈设也非常简单，是供妃嫔等人随侍时临时居住的地方。

养心殿前有琉璃门，被称为"养心门"，门外有一个东西狭长的院落，在 1750 年曾经在这里添建连房三座，房子的高度并没有超过墙，进深不足 4 米，是宫中太监、侍卫及值班官员值宿的地方。现在我们所看到的就是当时的样子。

乾清宫前西出月华门，是西一长街，门正对面为琉璃随墙门，即遵义门，

养心殿

又称"膳房门"。在进门之后,其正对面就是黄色琉璃照壁,其后为养心殿第一进东西横长的院落,院内西侧、东南、东北墙根下为连檐通脊的3间廊房,共34间。在1750年建成,是太监的值房。

南面正中为养心门,坐北朝南。为山顶黄琉璃瓦门楼,进门是木照壁,牌楼式,中间为隔扇门可开启,但是平时是不打开的,只有在皇帝进出养心殿的时候,养心门才被打开。绕过照壁是养心殿的正殿。整个院落分前院和后院,分别为养心殿的前殿和后寝殿。

东暖阁是东次间和梢间,分南北向前后两室,通过隔扇来分开。南室靠窗为一通炕,东壁西向为前后两重宝座,当时清朝末年慈禧太后垂帘听政就是在这个地方。东暖阁西南本来有御笔"明窗",是皇帝每年元旦开笔的地方。北室虚分东西两室,东一间小室无窗,靠北墙为床,是皇帝斋戒时睡觉的地方。此室有仙楼,本来是供佛的地方。西室靠北位窗,西小间北窗下设宝座,有匾"随安室""寄所托"……是皇帝御笔。后来,"随安室"匾移到了东小室寝宫床上。"寄所托"原为后室的中室,在清朝末年的时候改为"寿寓春晖"。

西暖阁就是西次间和梢间,分为南北前后两室,前室西为"三希堂",额是乾隆御笔,它是由内储晋代书法大家王氏的三张书帖而得名的。东墙有小门通中室,南为窗,北设宝座,在这里皇帝召见大臣。为了保密,南窗外抱厦设木围墙。东为夹道,有门通后室。而后室中也隔有小室,西室曰"长春

书屋"，东室为"无倦斋"，乾隆年间曾经在这里设佛堂，养心殿西耳殿为"梅坞"，是1774年添建的。殿面南是一间，为黄琉璃瓦硬山顶。

知识链接

养性殿

养性殿位于宁寿宫后的养性门内，是宁寿宫后寝宫的主体建筑之一。养性殿于1772年仿内廷养心殿建造，但形制上比养心殿要小，但从平面布局上来说则较为特殊。

养性殿为黄琉璃瓦歇山顶，面阔3间，每间用方柱支撑，分隔为9小间；前接卷棚抱厦4间。明间、次间开门，原为三交六菱花隔扇，现改为玻璃门窗，明间4扇，其余各2扇。进深4间，室内隔为数间小室。明间前后开门，中设宝座，顶置八角浑金蟠龙藻井，天花为片金升降龙。左右置板墙与东西次间相隔，墙开辟门，对称而设；门楣之上置毗卢帽。东暖阁分为前后两组空间，前曰"明窗"，后曰"随安室"，室东悬"俨若思"匾，均为乾隆皇帝亲自所书。西暖阁隔为数间小室，北室为佛堂，建仙楼两层，内置佛塔、佛像，非常庄严肃穆；南室称为"长春书屋"。西山墙外耳房仿养心殿梅坞而建，与殿相通，取名"香雪堂"。

作为太上皇帝的寝宫，养性殿原为和玺彩画。此殿在1891年重修后，除了墨云室仍为和玺彩画之外，其他的都改为苏式彩画。光绪年间慈禧太后居住在乐寿堂的时候，曾经在养性殿的东暖阁进早膳和晚膳。

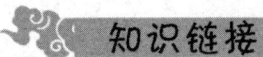

太极殿

太极殿原名是"未央宫"，在清代改称"太极殿"，它是紫禁城内廷西六宫之一，在1420年建立。由于嘉靖皇帝的生父兴献王朱祐杬在这里出生，所

第四章　冠绝天下——故宫

以在 1535 年改名为"启祥宫"。清朝初年沿袭明朝旧制，在 1683 年、1890 年进行重修或大修。

太极殿原为二进院，清后期改修长春宫的时候，把太极殿后殿辟为穿堂殿，后檐接出抱厦，而且与长春宫及其东西配殿以转角游廊相连，最终形成回廊，东西耳房各开一间为通道，这样就使得太极殿与长春宫连接成相互贯通的四进院。正殿前后出廊，明间开门，外檐绘苏式彩画，门窗饰万字锦地团寿纹，次间、梢间都是槛墙、步步锦支窗。室内间以花罩、扇相隔。殿前方有高大的琉璃影壁，是 1859 年大修长春宫时添建。东西各有 3 间配殿，原檐里装修，北次间开门，明间开门。现在，后殿被称为"体元殿"，也有东配殿怡性轩，西配殿乐道堂。东西各 3 间耳房，其中一间辟为通道连通后院。在 1596 年，在乾清、坤宁两宫发生火灾之后，明神宗朱翊钧曾经居住在这里；清同治、光绪年间，慈禧太后曾居住在太极殿和长春宫；溥仪出宫前，同治帝的瑜贵妃曾经在这里居住。现在建筑被保存得完好无缺。

太极殿面阔 5 间，室内饰石膏堆塑五福捧寿纹天花，这都是在清末民初

太极殿

的时候所该设的。明间与东西次间分别以花梨木透雕万字锦地花卉栏杆罩与球纹锦地凤鸟落地罩相隔，正中设地屏宝座。殿前有高大的祥凤万寿纹琉璃屏门，与东西配殿组成了一个庭院，非常宽敞。

英华殿

英华殿位于北京紫禁城内廷外西路西北，在明代开始建造，初曰"隆禧殿"，在1567年改为英华殿。在1771年重修。英华殿是明、清两代皇太后及太妃、太嫔礼佛的地方。

英华殿整座院落分为南北两进院，南院中部辟山门，门后为宽敞的庭院。第二进院门为英华门，正北也就是英华殿，在门和殿之间有一座碑亭。在殿后宫墙西北隅辟门，北出可以到达神武门内西横街。英华殿院落东西两侧原各有一座跨院，东跨院及内诸旗房在1743年拆除，然后改为西筒子路北段，现在，西跨院仍然存在。

英华殿坐北朝南，面阔5间，黄琉璃瓦单檐庑殿顶。明间开门，三交六菱花隔扇门4扇，次间、梢间为槛窗，三交六菱花隔扇窗各4扇。殿内设7座佛龛，供西番佛像。殿前出月台，上陈香炉一座。台前有高台甬路与英华门相连接。甬路两侧各植一株菩提树，是明万历皇帝生母圣慈李太后亲手种植

英华殿

的。殿前碑亭内的石碑上刻乾隆御制英华殿菩提树歌、菩提树诗。殿的左右各有3间耳殿，黄琉璃瓦硬山顶，都是明间开门，双交四菱花隔扇门4扇。

知识链接

宝华殿

宝华殿位于雨花阁后的昭福门内，是紫禁城中正殿佛堂区中主供释迦牟尼佛的一处佛堂。现在的宝华殿明间仍然悬挂着咸丰皇帝御笔所书的"敬佛"匾额。

宝华殿坐北朝南，面阔3间，进深1间，黄琉璃瓦歇山式顶，后檐明间接抱厦1间。整体建筑呈"凸"字形，与北面的中正殿遥相呼应，呈南北对称格局。

清代时，宝华殿设有一座四方铜镀金大龛，内供一尊金胎释迦牟尼佛像。龛前的神案上供奉着观音菩萨和阿弥陀佛铜像，东、西次间沿墙的神案上也陈设有佛像与供器。这里主要是用于佛事活动，清代皇帝每年都会多次到这里拈香引礼。

在宝华殿前是一个广场式院落，在院中央洁白的汉白玉石须弥座上置有一座三足宝鼎青铜大香炉，落款为"大清乾隆乙巳年造"；靠北、东、西三面各竖有一根汉白玉石基座幡杆。如今我们所看到的宝华殿已经是重修过后的，与原先有很大不同。

 体元殿

北京故宫体元殿原为启祥宫后殿，在1859年把此殿改为前后开门的穿堂殿，咸丰御笔题匾曰"体元殿"。殿为黄琉璃瓦硬山顶，面阔5间，明间前后开门，次间、梢间为槛墙、支窗。室内各间都安放花罩虚隔，只有西梢间自

体元殿

成一室，有门与次间相通。东西各有3间耳房，中一间辟为通道，与长春宫相连。殿后接3间抱厦，黄琉璃瓦卷棚顶，面向北，与长春宫相对，是清晚期宫中唱戏的小戏台，也被称为"长春宫戏台"。现在我们所看到的体元殿仍然保存着宫廷生活原状。

体元殿是晚清时期在拆除长春门和太极殿后殿的旧址上建成的，主要是用于清代后妃居住。

与体元殿后檐相连，建有3间抱厦，台基较高，宽敞典雅，这就是长春宫戏台。西太后经常在这里看戏，在她50寿辰的时候，同其他妃嫔们在这里看了长达半个月的戏。

武英殿

北京故宫武英殿始建于明朝初年，位于外朝熙和门以西。武英殿正殿南向，面阔5间，进深3间，为黄琉璃瓦歇山顶。须弥座围以汉白玉石栏，前出月台，有甬路直通武英门。后殿的敬思殿与武英殿的形制相似，前后殿之间以穿廊相连。东西配殿分别是凝道殿、焕章殿，左右共有63间廊房。院落东北为恒寿斋，西北为浴德堂。武英殿与位于外朝之东的文华殿一文一武，遥相呼应。

明朝初年，皇帝斋居和召见大臣都是在武英殿中，后来移至文华殿。崇祯年间，在这里举行过皇后千秋、命妇朝贺仪典。

1644年春，明末农民起义军领袖李自成攻入北京，并且成立了大顺政权。但是他的军队最终无力抵抗入关的清兵，只是在4月29日于武英殿草草举行了即位仪式，次日就撤离了北京。

清兵在刚刚入关的时候，摄政王多尔衮先行抵京，当时是在武英殿中处理公务。清初，武英殿主要用于举行各种仪典。在1669年，因为太和殿、乾清宫等地正在进行维修，所以康熙皇帝便移居武英殿。

第四章 冠绝天下——故宫

在康熙年间，首开武英殿书局。在1680年将左右廊房设为修书处，主要是掌管刊印装潢书籍的事务，由亲王大臣总理，下设各种职位，如主事、监造、笔帖式、总纂、纂修、总裁、协修……所有这些都是由皇帝和翰林院直接派充。在1701年以后，武英殿开始大量刊刻书籍，并开始使用铜版雕刻活

武英殿

字及特制的开化纸印刷，不仅字体秀丽，而且绘图也较为精美。1773年，皇帝命人将《永乐大典》中摘出的珍本共138种排字付印，并御赐名《武英殿聚珍版丛书》，世称"殿本"。

1869年，武英殿不幸遭遇大火，很多建筑都被烧毁，书籍版片也未能幸免。当年武英殿便开始重新修建。

自从2005年故宫进行大修之后，武英殿区已完成修缮，成为故宫博物院的书画馆，其东西配殿则成为典籍馆。

文华殿

文华殿始建于明朝初年，位于外朝协和门以东。因为它位于紫禁城的东部，所以一度作为"太子视事之所"。在"五行说"中，东方属木，颜色为绿色，表示生长之意，所以太子使用的宫殿屋顶均覆以绿色琉璃瓦。

文华殿最初是皇帝常御用的便殿，在明朝天顺和成化两朝，太子即位之前，也在文华殿处理政务。后来因为大多数太子都比较年幼，不能处理政事，便于在1536年仍改为皇帝便殿，后来成为明经筵会之所，建筑也依制被改为黄琉璃瓦顶。在1538年，在殿后添建了圣济殿。明末时期，在李自成进入紫禁城之后，文华殿的建筑遭到了大面积焚毁。于1683年开始重建。那个时候武英殿尚存，所以"依明制为之"。在乾隆年间，在圣济殿遗址的基础上修建了文渊阁。

文华殿主殿为"工"字形平面。前殿也就是文华殿，南向，面阔5间，进深3间，黄琉璃瓦歇山顶；明间开6扇三交六菱花隔扇门，次间、梢间均为槛窗，各开4扇三交六菱花隔扇窗；东西山墙各开一方窗；殿前出月台，

故宫文华殿

有甬路直通文华门。后殿为主敬殿，规制与文华殿相似但是进深不同的区别。前后殿之间以穿廊相连接。东西配殿分别是本仁殿和集义殿。

明清两朝，每当春季和秋季仲月的时候，都会在文华殿中举行经筵之礼。清代充当经筵讲官的人很多，如大学士、尚书、左都御史、侍郎等，满汉各有8人。每年以满汉各2人分讲"经""书"，皇帝则撰写御论，阐发讲习"四书五经"的心得。在礼仪结束之后，皇帝会赐茶赐座。明清两朝还曾在文华殿中进行过殿试与阅卷。

明代设有"文华殿大学士"一职，其主要职责是辅导太子读书。到了清朝时期逐渐演化为"三殿三阁"的内阁制度，文华殿大学士的职责则变为辅助皇帝管理政务，统辖百官，与明代相比，权限大了很多。

在建筑布局上，文华殿是三大殿的右翼。从功能上来说，文华殿则是外朝三大殿的补充。文华殿前有文华门，后有主敬殿，东西向有配殿；东侧还有跨院称"传心殿"，是"经筵"前祭祀孔子之处。院内有一井名叫"大庖井"，井水非常甘甜，堪比京西玉泉山中的水，故有"玉泉第一，大庖井第二"之说。如今，井内尚有水存。

知识链接

传心殿

　　传心殿始建于清康熙年间，位于紫禁城东南角的文华殿东侧，它是一组祭祀性建筑，由长方形院落组成。殿正中设皇师伏羲、神农轩辕位，帝师陶唐、有虞位，王师禹、汤、文武位，都是南向。殿东为周公位，殿西为孔子位。院落前方没有正门，而在东、西两墙的前半部各开一随墙式琉璃门，上覆黄色琉璃瓦。与西墙相比，东墙较高。所以西门楼高于院墙，是整式琉璃门楼。东门与东华门遥望，西门与文华殿东角门毗邻，中间隔有夹道，相错而开。穿过文华殿东角门，经传心殿可至文华殿前庭院，经传心殿西门又可由文华殿到达传心殿院内，整个院落好像是文华殿的一个跨院。

　　传心殿院落由南向北分别由三座主要建筑组成，即治牲所、景行门和传心殿。在传心殿后，还有很多附属建筑，如祝版房、神厨、值房……其中治牲所坐南朝北，是倒座房，景行门和传心殿皆为南向。治牲所夹东西墙而建，面阔5间，进深3间，屋面为两坡硬山式顶，覆黄色琉璃瓦，两山面饰琉璃博风，铃铛排山脊，脊首为仙人，依次排列五种珍禽异兽，即龙、凤、狮子、天马、海马，其后为截兽。景行门面阔3间，仅在中部明间开门，黄瓦悬山式屋顶露明五花山面，饰旋子彩画，脊兽规制与治牲所相同。门之北也就是传心殿，面阔5间，进深3间，为黄瓦硬山式屋顶。殿后有3间祝版房、神厨，5间值房。

　　传心殿是皇帝御经筵前行"祭告礼"的建筑。"经筵"是专为皇帝研读经史开设的讲席，通常是在春季和秋季举行，都是在单日设讲。开讲期间由学识广博的大臣轮流侍讲，然后选取名篇来阐释其义，为皇帝治理国家提供借鉴。

第四节
沈阳故宫

盛京宫阙

沈阳故宫，原称"盛京宫阙"，又称"后金故宫""盛京皇宫"。始建于后金天命十年（1625年），崇德元年（1636年）基本建成，是清朝入关前建造的皇宫，现已辟为沈阳故宫博物院，是国家重点文物保护单位，与北京故宫构成了中国仅存的两大完整的明清皇宫建筑群。清顺治元年（1644年）世祖在此称帝。清统治者入关后，这里被称作"奉天行宫"，并对盛京皇宫进行了保护和扩建，到乾隆时基本形成今日规模。

沈阳故宫以其完整、璀璨、浓郁的满族特色和独特的历史地位而迥异于北京故宫。不仅是现今沈阳最重要的游览点，也是我国仅存的两大宫殿建筑群之一。沈阳故宫在建筑艺术上承袭了中国古代建筑的传统，集汉、满、蒙族建筑艺术为一体，具有很高的历史价值和艺术价值。

沈阳故宫占地6万多平方米，有房屋300余间，古建筑114座。这里的建筑布局分为中、东、西3个部分。东路是沈阳故宫中独具风格的部分，其布局与中原传统的层层院落方式迥然异趣。东路后部正中是一座八角形的大政殿，大政殿居中，两旁分列10个亭子，称为"十王亭"，为八旗大臣和左、右两

沈阳故宫

第四章 冠绝天下——故宫

翼王办公议事的地方。

中路称作"大内宫殿",它仍然是继承了前朝后寝的制度,主体是前面的崇政殿,是皇太极处理军政要务、接待宾客的地方。前面是大清门,左右有飞龙、翔凤二阁和廊庑对峙。在殿后从凤凰楼之后是寝宫,它以清宁宫为主,两旁有一些其他宫殿建筑,如关雎宫、永福宫、麟趾宫、衍庆宫……

西路为乾隆时期所建。其主要建筑有文溯阁、仰熙斋、嘉荫堂和戏台,主要用来收藏《四库全书》和供清帝们来盛京的时候可以读书和看戏。

东路主体是大政殿,中路主体为崇政殿,西路主体为文溯阁。整座皇宫楼阁林立,富丽堂皇。

沈阳故宫建筑,无论是在建筑布局上,还是在彩画、雕刻方面都存在浓厚的东北风格,这充分体现了中国多民族建筑文化的特点。

沈阳故宫博物院不仅是古代宫殿建筑群,而且还以其丰富的珍贵收藏而名扬海内外。故宫内陈列着大量旧皇宫遗留下来的宫廷文物,如努尔哈赤用过的剑、皇太极用过的腰刀和鹿角椅……

2004年7月1日,在中国苏州召开的第28届世界遗产委员会会议批准中国的沈阳故宫作为明、清皇宫文化遗产扩展项目列入《世界遗产名录》。

 知识链接

罕王仓促迁都

公元1621年,努尔哈赤率领八旗大军以锐不可当之势挺进辽东,并将都城从赫图阿拉迁至辽东重镇辽阳,同时大兴土木,修筑宫室。然而,出人意料的是,1625年三月初三早朝时,努尔哈赤突然召集众臣和贝勒议事,提出要迁都盛京(今沈阳),当即遭到诸亲王、大臣的强烈反对,但努尔哈赤不改初衷坚持迁都。

其实,努尔哈赤之所以坚持要迁都沈阳,更主要的目的应该是出于战略进取上的考虑。首先，沈阳乃四通八达之地，其地理位置对当时的满族而言非常有利，北征蒙古，西征明朝，南征朝鲜，进退自如。其次，原先的都城辽阳，域内满汉民族矛盾冲突严重；而沈阳当时还只是个中等城市，人口较少，便于管理，这样，可以极大地避免满汉矛盾的激化。

沈阳故宫大政殿

大政殿俗称"八角殿"，始建于1625年，它是清太祖努尔哈赤营建的重要宫殿。当然，大政殿也是盛京皇宫内最庄严神圣的宫殿。最初，大政殿被称为"大衙门"，在1636定名"笃恭殿"，后改为"大政殿"。大政殿是八角

沈阳故宫大政殿

第四章 冠绝天下——故宫

重檐攒尖式，八面出廊，都是"斧头眼"式隔扇门。在其下面是一个须弥座台基，周围环绕着雕刻细致的荷花净瓶石栏杆。殿顶满铺黄琉璃瓦，镶绿剪边，正中相轮火焰珠顶，宝顶周围有八条铁链各与力士相连。殿前的两根大柱上雕刻着两条蟠龙，殿内有精致的梵文天花和降龙藻井。大政殿是清太宗皇太极举行重大典礼及重要政治活动的场所。在1644年，清朝皇帝福临在这里登基继位。

从建筑格局来说，大政殿也是一个亭子，但是这个亭子体量非常大，而且装饰华丽，所以被归为宫殿。大政殿和呈"八"字形排开的10座亭子，仍然具有少数民族的意味。这11座亭子，就是11座帐篷的化身。帐篷带有流动性，但是亭子是固定的。这充分体现了满族文化的不断发展。

沈阳故宫的东路建筑是清太祖努尔哈赤所建的。它的主体建筑大政殿与两侧的十王亭构成了一组视野开阔的庭院，而其帐幄式建筑造型及其布局则是满族人从狩猎组织发展而来的清朝立国之本，即八旗制度在宫殿建筑上的再现，这在中国古代建筑中少见的，也可以说是唯一可见的。

沈阳故宫崇政殿

崇政殿俗称"金銮殿"，它是沈阳故宫最重要的建筑。整座大殿全部都是木结构，五间九檩硬山式，辟有隔扇门，前后出廊，围以石雕的栏杆。崇政殿的廊柱是方形的，在柱子下面有吐水的螭首，顶盖黄琉璃瓦，镶绿剪边；而殿柱是圆形的，两柱之间通过一条雕刻的整龙来连接，龙头探出檐外，龙尾直入殿中，不仅实用，而且起到了很好的装饰效果。勤政殿是清太宗处理日常事务的地方，在1636年，后金改国号为大清的大典就是在这里举行的。

崇政殿是沈阳故宫的正殿。从其使用功能上来说，崇政殿等同于北京故宫的太和殿。然而，如果是从二者规模来进行比较的话，崇政殿根本无法与太和殿相比。

进入大清门沿御路北行，就能看到崇政殿。通常来说，中国古代宫殿都是包括"外朝"和"内廷"两部分。其中外朝区主要是供皇帝临朝理政和举行国家典礼，而崇政殿就是沈阳故宫外朝的中心。其正门前至大清门北侧石阶间的殿庭的御路两侧，也就是在典礼的时候王公贵族及官员排班站位的地方。崇政殿左右各连接3间翊门，分别称为"左翊门"和"右翊门"，它们是平时进出殿北宫廷区的通道,而皇上上殿退朝则都从殿内北门来进出。

从使用功能上来说,崇政殿与大政殿存在很大区别。首先,崇政殿作为皇宫的正殿,它是皇帝处理日常事务的地方,在后金早期的宫殿制度中,俗称为"汗宫里的殿"或"内殿",而大政殿则多是举行较大规模的重要集会,使用频率非常低。其次,清太宗时期,国家的重要典礼都是在崇政殿举行,而大政殿则是在各种礼仪结束之后宴请群臣的地方。最后,皇帝在宴请外邦宾客的时候都是在崇政殿中。

如果是按照明清宫殿建筑屋顶样式的级别进行划分,崇政殿的"硬山顶"级别最低,而太和殿的"重檐庑殿顶"级别最高。之所以会造成这种区别,是因为一个是刚刚建立的少数民族地方政权,而另一个则是统治全中国几百年的中原大帝国,所以二者的规模必定存在差别。然而,它们都各有自己的优势。就建筑装饰方面来说,崇政殿是其他任何宫殿无法比拟的。

从建筑样式上来说,崇政殿以东北地区硬山式房屋为基础,根据皇宫正

沈阳故宫崇政殿

第四章 冠绝天下——故宫

殿的使用进行美化，建有砖石台基，而前后各有加饰石雕栏板望柱的殿阶和檐廊。这样就使得其造型与民间的房屋样式产生了根本的区别。

与众不同的建筑装饰最能体现崇政殿尊贵的地位。殿前后红色檐柱都是方形，下面是灰黑色覆莲式的柱础石，上部则用多种颜色描绘的各种图案，外侧是与大政殿相同的兽面，柱顶部分则更加精彩，各有一木雕龙头探出，而且两两相对，探爪戏珠。而龙身和后爪则在廊内，在起到支撑作用的同时，又具有修饰和美化作用，分外华丽。

崇政殿的琉璃构件艺术风格的整体效果更为突出。墀头部位仍然饰以几组飞龙、麒麟和瑞草奇花，而主体图案与大清门墀头色调相反，鲜艳之中也突出了凝重之气。在殿顶和房山上端的很多部位，也都有五彩缤纷的琉璃构件，主色调是黄、绿和蓝，而基本题材内容是行龙火焰珠，殿顶四角的"脊兽"也是用不同颜色装饰而成的。如此多的构件和装饰，使得崇政殿色彩斑斓、富丽堂皇，华美而不失庄严。

在建造这座宫殿的时候，满族人的政权统治只有十几年。在建造第一座"金銮殿"时，他们采用了自己最为熟悉的房屋样式，而且充分吸收其他民族的建筑艺术和特色，这是崇政殿最独特的价值。

崇政殿室内的陈设，并不是清太宗时期的样子，而是在1747年根据皇帝的旨意重新设计制作的，在殿内正中北侧是红漆木制地坪，前三侧二共5组台阶，而周围是仿石雕式样的栏板和望柱，在古代，这种地坪被称为"陛"，由于官员们在见皇上的时候都要跪在下面，所以口称"陛下"。在陛上后部，有一个如同"殿中之殿"的"堂"，其全部是木制，外罩金漆彩绘，然后再加上一些精美的雕刻，使得其与殿内外保持一致的风格。其上方的"正大光明"黑漆金字匾，是乾隆仿照北京乾清宫顺治所书匾题写的。而堂陛之内的屏风宝座，则是乾隆特命仿北京故宫乾清宫所用加以缩小精心制作的，无论是何种装饰都体现出了皇帝的无上尊严。屏风上的四言十二句铭文，与乾清宫屏风上的完全相同，它是康熙皇帝从古代经书中摘出，作为自己和后世皇帝治理国家的座右铭镌刻在御座之旁。所有的陈设都要烘托出皇帝庄严神圣的气氛。

南京故宫

　　南京故宫，又称明故宫、南京明皇宫、南京紫禁城，是北京故宫的蓝本、明朝前期的皇宫，是当时世界上最大的宫殿，被称为"世界第一宫殿"。南京故宫位于今中山东路南北两侧，占地面积超过100万平方米。南京故宫由明太祖朱元璋主持修建，始建于元至正二十六年（1366年），地址在元集庆城外东北郊，初称"吴王新宫"，后称"皇城"。南京故宫东西宽790米，南北长750米；有门4座，南为午门，东为东华门，西为西华门，北为玄武门；入午门为奉天门，内为正殿奉天殿，殿前左右为文楼、武楼，后为华盖殿、谨身殿；内廷有乾清宫和坤宁宫，以及东西六宫。

第五章

皇天后土——宗教祭祀宫殿

寺、庙、祠、观、庵、坛等建筑统称为宗教祭祀性建筑。宗教祭祀性建筑是有灵魂的,其崇高与完美往往使步入其中的人们叹为观止,甚至被一种强大的精神力量征服。数以千计的宗教祭祀性建筑遗存遍布城乡,并与世代流传的庞大的神话、繁盛至今的中原古庙会等的娱神祈福等活动水乳交融,共同构成了有别于传统礼乐制度的民间礼俗文化。

第一节
奉天敬人

北京天坛

　　北京天坛是世界上最大的古代祭天建筑群之一。在中国，祭天仪式起源于周朝。自进入汉代以来，祭天得到了历代帝王的重视。在明朝永乐年间之后，每年冬至、正月上辛日和孟夏，帝王们都要来天坛举行祭天和祈谷仪式。如果正好碰到较为干旱的时节，他们还会到这里来祈雨。通常来说，在祭祀前需要斋戒。在祭祀的时候，除了献上供品，皇帝也要率领文武百官在此朝拜祷告，希望上天能够垂怜施恩。

　　天坛位于北京城南部，主要用于明清两代皇帝祭天和祈祷丰收。天坛建于1420年，与故宫同时修建，最初命名为"天地坛"，在1534年改名为"天坛"，它是我国现存最大的古代祭祀性建筑。在永乐年间，还在这里合祭天地，后来在北郊又另建立地坛后，这里才专供祭天。天坛分为两部分，即内坛和外坛，而主要建筑物都在内坛中。内坛和外坛的建筑通过甬道来连接。

北京天坛

第五章 皇天后土——宗教祭祀宫殿

1. 圜丘

圜丘建于1530年。每年冬至的时候都会在天台上举行"祀天大典",俗称"祭天台"。而圜丘坛就建造在南北纵轴上。坛墙南方北圆,其意味着天圆地方。圜丘坛在南,祈谷坛在北,它们在一条南北轴线上,中间以墙相隔。在1420年,初名"大祀殿",它是一座矩形大殿。祈年殿里面分别寓意四季、十二月、十二时辰以及周天星宿,是古代明堂式建筑仅存的一组。

在设计天坛的时候,其遵循了一个重要思想,那就是突出天空的辽阔高远,因为这样可以将天的至高无上充分表现出来。就布局上来说,内坛位于外坛的南北中轴线以东,而圜丘坛和祈年坛又位于内坛中轴线的东面,这样就可以使西侧变得非常空旷,在进入天坛之后,人们可以获得开阔的视野。就单体建筑来说,祈年殿和皇穹宇都使用了圆形攒尖顶,它们外部的台基和屋檐层层收缩上举,给人的感觉就是与天相接。

另外,中国的传统文化在天坛设计上也得到了充分体现。北圆南方的坛墙和圆形建筑搭配方形外墙的设计,都体现出了天圆地方的宇宙观。而其主要建筑则是采用蓝色琉璃瓦,以及圜丘坛重视"阳数"、祈年殿按天象列柱等设计,这也将其独特的设计手法充分体现出来。

1961年,国务院公布天坛为全国重点文物保护单位。在1998年,天坛被联合国教科文组织确认为世界文化遗产。2009年,北京天坛入选中国世界纪录协会,是中国现存最大的皇帝祭天建筑。

2. 斋宫

皇帝进行斋戒的场所被称为斋宫。在皇室的各种祭祈建筑中,斋宫是必然存在的。北京天坛的斋宫是现存最完整的斋宫建筑。斋宫位于天坛圜丘坛成贞门外西北,坐西朝东,平面为方形。宫墙共两层,外层叫"砖城";内层宫墙叫"紫墙"。围墙正东有2道宫门,左右各有1座角门,角门前面又各有1座汉白玉石桥。紫墙四周回廊环绕,守卫宫墙的士兵在这里遮风避雨。回廊上画有多幅彩画,包括人物、山水、花卉、翎毛……回廊外面被深池环绕,整个斋宫层层设防。石桥前面南北各有5间朝房,侍卫和禁军兵将可以临时居住在这里。

进入2道宫门,我们就可以看到斋宫的5间正殿。殿座都是汉白玉石基和石柱。而建筑结构与正式宫殿相同，都是重檐垂脊，吻兽俱全。然而因为殿顶呈拱券形，没有露出栋梁榱桷的痕迹，所以称为"无梁殿"，它是北京著名的古建筑。在殿前左右各置3间配殿，露台之上，左右各置1座高大的白石亭子，左边的叫"斋戒铜人亭"，右边的叫"时辰亭"。在清朝皇帝进入斋宫的时候，首先在斋戒铜人亭内的小方桌上铺一块黄云缎桌布，上面摆一尊铜铸人像，手持"斋戒"牌，这就是为了警示皇帝要虔诚斋戒，切忌胡思乱想。上祭时间一到，铜像立即撤去。斋宫的东北角有一座在乾隆时期修建的钟楼。里面悬挂着明朝永乐年间铸造的大铜钟。皇帝在祭天的时候，从起驾出斋宫就开始鸣钟，到皇帝登上坛台时，钟声即止，在礼毕之后，再次响起钟声。

正殿后面还有5间大殿，它们是皇帝斋戒时的寝宫。按照典制规定，明清两代的帝王每到祭天的前三天，都必须先到帝宫内独宿三天三夜，在此期间不能吃荤腥，不能饮酒，更不能作乐，不吊祭，不近妇女，多洗澡，名为"斋戒"，也可以称为"致斋"。在雍正即位之后，因为害怕被暗杀，不想自己一个人独宿三天三夜，所以就想出了一个"内斋"与外斋相结合的办法。在1731年，他下令在皇宫的内东路南端另建了一座斋宫，称为"内斋"，而天坛内的斋宫则为"外斋"。从祭日的前三天开始，他在内斋独宿三昼两夜，叫"致内斋"；在祭天前一天的夜里11点钟，他才从"内斋"移往"外斋"，叫"致外斋"。这样，他在斋宫中停留的时间大大减少了。

斋宫是前朝后寝两进的长方形院落。前殿斋宫，面阔5间，为黄琉璃瓦歇山顶，前出抱厦3间，明间、两次间开隔扇门，两梢间为槛窗。殿内正中上悬乾隆御笔"敬天"匾。室内浑金龙纹天花，正中为八角形浑金蟠龙藻井。东暖阁为书屋，西暖阁为佛堂。东西各有3间配殿。正殿左右转角廊与配殿前廊相连，形成三合院带转角的格局。后寝宫初名"孚殿"，后改为"诚肃殿"，面阔7间，为黄琉璃瓦歇山顶。殿东西各2间耳房。东西各设11间游廊，与前殿相接。

如果按照常例，帝王的寝宫应铺黄色琉璃瓦，然而斋宫铺的却是蓝色琉璃瓦，而且采用坐西朝东的布局，之所以会这样是因为封建皇帝都认为自己是皇天上帝的儿子。如果想要当虔诚的孝子，在"父亲"面前就不能称皇帝，也不能住黄瓦正殿。所以斋宫坐西向东，盖蓝色琉璃瓦。除此之外，还有其他一些辅助建筑，都是呈对称形式。

3. 皇穹宇

皇穹宇是供奉皇天上帝和皇帝祖先牌位的地方，其建筑风格以圆形为主，以宝顶为圆心向外扩展。殿内半拱层层上叠，天花板层层收缩，房顶是隆起的。殿内彩画的主色调是青绿，特别是以金龙为主的图案，要么涂金，要么沥粉贴金，其艺术价值非常高。

皇穹宇也叫"回音壁"，它在1530年开始建立。位于圜丘坛以北，最初是重檐圆形建筑，被命名为"泰神殿"，是圜丘坛的正殿。其主要用于供奉祭天大典。在1538年改名为"皇穹宇"。在1752年重建，改为镏金宝顶单檐蓝瓦圆攒尖顶。

皇穹宇殿木拱结构，分别有8根檐柱和金柱，南向开户，蓝琉璃槛墙，菱花格隔扇门窗，东西北三面封以砖俱干摆到顶。殿内穹窿圆顶，正中贴金盘龙藻井，贴金双龙天花，金柱贴金缠枝莲，内外施金龙和玺彩画。殿内正中有前圆后翘角石须弥座，上覆蓝瓦金顶，不仅精巧，而且显得特别庄重。

皇穹宇为砖木结构，殿内没有横梁，只是靠8根檐柱、8根金柱和众多斗拱来支托屋顶，当然这是充分利用了力学原理。三层天花藻井，特色明显，在中国古代建筑中特别少见。殿檐覆盖蓝色琉璃瓦，檐顶有镏金宝顶，殿墙是正圆形磨砖对缝的砖墙，如果从远处望去，就好像是一把金顶的蓝宝石巨伞。皇穹宇左右各有一座偏殿，面阔各5间，结构为单檐歇山顶，而著名的回音壁、三音石和对话石就位于正殿外。

因为皇穹宇围垣具有传声功效，所以被称为"回音壁"。对于皇穹的传声功效，长久以来人们都感觉到这是一个谜。1953年，物理学家汤定元教授对皇穹宇建筑的声学效果进行了测试。经过测试，认定产生回声的原因是皇穹宇围垣周密，表面光洁，使声波不被墙体吸纳，进而发生了反射，这是非常独特的声学现象。当然，这也是历史上第一次对天坛建筑的回声现象进行的科学阐释。

北京天坛皇穹宇

雍和宫

雍和宫现位于北京市东城区内城的东北角，也就是雍和宫大街路东，它是北京市内最大的藏传佛教寺院，在1983年被国务院确定为汉族地区佛教全国重点寺院。该寺院主要由三座牌坊和五座大殿组成。

在1694年，康熙帝在这里建造府邸，并且赐予四子雍亲王，所以称为"雍亲王府"。在1725年，改王府为行宫，称"雍和宫"。在1735年，雍正皇帝驾崩之后，其灵柩曾经停放在这里。所以，雍和宫主要殿堂的原绿色琉璃瓦改为黄色琉璃瓦。而因为乾隆皇帝是在这里降生的，自此，雍和宫成为"龙潜福地"，所以殿宇为黄瓦红墙，其规格与紫禁城皇宫一样。在1744年，雍和宫改为喇嘛庙，而且特派总理事务王大臣管理本宫事务。可以说，雍和宫是全国规格最高的一座佛教寺院。

雍和宫包括五座宏伟的大殿，即天王殿、雍和宫大殿、永佑殿、法轮殿和万福阁。除此之外，还有其他一些殿，如东西配殿、"四学殿"。四学殿是指讲经殿、密宗殿、数学殿和药师殿。整个建筑布局院落从南向北渐次缩小，然而殿宇却依次升高，形成"正殿高大而重院深藏"的格局，其融合了汉、满、蒙、藏民族的特色。

雍和宫南院矗立着3座高大的牌楼、1座巨大的影壁和1对石狮。走过牌楼之后，就是方砖砌成的绿阴甬道，也就是"辇道"。而往北则是雍和宫大门昭泰门，内两侧是钟鼓楼，外部回廊，富丽庄严，在其他地方是难以见到的。鼓楼旁有一口昔日熬腊八粥的大铜锅，十分引人注目。往北有八角碑亭，内有乾隆御制碑文，详细陈述了雍和宫宫改庙的历史渊源，而且以汉、藏、满、蒙四种文字书写，分别刻在左右碑上。

两碑亭之间就是雍和门，上面悬挂着乾隆皇帝手书"雍和门"大匾。殿前的青铜狮子有着非常生动的造型。殿内正中的金漆雕龙宝座上，坐着的弥勒菩萨塑像，他笑容可掬、袒胸露腹。在大殿两侧，则

雍和宫

第五章　皇天后土——宗教祭祀宫殿

是泥金彩塑四大天王，他们东西相对而立。天王脚踏鬼怪，说明天王具有镇压邪魔、佑护天下的职责和功德。

走出雍和门，院中依次有铜鼎、御碑亭、铜须弥山、嘛呢杆和主殿雍和宫。主殿原名为"银安殿"，当初雍亲王接见文武官员的时候就是在这里，改建喇嘛庙后，其作用相当于一般寺院的大雄宝殿。殿内正北供三尊铜质三世佛像。正殿东北角供铜观世音立像，西北角供铜弥勒立像。两面山墙前的宝座上端坐着十八罗汉。

出雍和宫大殿就是永佑殿，为单檐歇山顶、构造为"明五暗十"，也就是从外面看起来是5间房子，但实际上是两个5间合并在一起改建而成的。在王府时代，永佑殿是雍亲王的书房和寝殿。后来成为清朝供先帝的影堂。所谓"永佑"就是永远保佑先帝亡灵。殿内正中莲花宝座上是3尊佛像，都是檀木雕制，中间是无量寿佛，左为药师佛，右为狮吼佛。出永佑殿就到了法轮殿。左右两侧分别为班禅楼和戒台楼。法轮殿平面呈"十"字形，而殿顶上建有五座天窗式的暗楼，有五座铜质镏金宝塔，它们都是藏族传统的建筑式样。

法轮殿充分融合了汉藏文化。殿内正中巨大的莲花台上端坐一尊铜制佛像，其面带微笑，是藏传佛教黄教的创始人宗喀巴大师。这尊铜像塑在1924年，耗资20万银元，历时2年完成。在其身后是被誉为雍和宫木雕三绝之一的五百罗汉山，其全部由紫檀木精雕细镂而成。在五百罗汉山前有一金丝楠木雕成的木盆，相传当年乾隆皇帝在出生三天之后曾经用这个盆洗澡，所以称为"洗三盆"。

出法轮殿就是万福阁。它的两边分别是永康阁和延绥阁。两座楼阁有飞廊连接，如同是仙宫楼阙，具有辽金时代的建筑风格。万福阁内巍然矗立一尊弥勒佛是六世达赖喇嘛的进贡礼品，用整棵名贵的白檀香木雕成。这尊大佛也是雍和宫木雕三绝之一。

定陵地宫

定陵是明神宗（1573—1620年）朱翊钧的陵墓。他在位时便开始修建，历时6年建成，耗银几百万两。地宫中除葬有皇帝神宗外，还葬有朱翊钧的两个皇后。定陵地宫于1956年发掘。

地宫距地面27米，总面积为1195平方米，由前、中、后及左右5个殿堂

定陵地宫

组成，全部砌石券拱。前、中殿连成一长方形甬道，后殿横在顶端。各殿均有一道汉白玉石门，制作精细，结构合理。靠门轴一面较厚，为0.4米左右，门边一面较薄。这样，既可以减轻石门的重量，又便于开启。

前、中殿由地面至券顶，各高7.2米，宽6米，共长58米，采用特制的"金砖"铺地，光润耐磨。中殿设有宝座和大龙缸等文物。

中殿左右两侧有甬道通向左右配殿。配殿高7.1米，宽6米，长26米。殿中除了放置棺床外，别无他物。

后殿高大，是地宫的主要部分。高9.5米，宽9.1米，长30.1米，地面铺磨光花斑石，色彩斑斓。殿中放置朱翊钧和两个皇后的棺椁以及金冠、凤冠、瓷器、丝织品等珍贵文物。

地宫石拱结构坚实，建成后距今已有约400年的历史，没有一块石块塌落，四周排水设施良好，很少有积水。

山东曲阜孔庙大成殿

众所周知，孔子是我国古代著名的思想家、教育家，他是儒家文化的创始人。孔庙又称"文庙"，它主要用于供奉和祭祀孔子。在孔子死后的几千年中，特别是在创立了科举制度之后，人们对孔子的尊崇逐步提升，将其称为至圣至尊，万世师表。全国各地修建孔庙足以说明了人们对孔子顶礼膜拜的程度。

山东曲阜孔庙也被称为"至圣庙"，它位于曲阜城区的中心，是我国规模最大的一座祭祀孔子的庙堂。

孔庙的主体建筑是大成殿。同时这里也是祭祀孔子的中心场所。在唐代时期，大成殿被称为"文宣王殿"，本来是5间，在1018年大修的时候，

第五章 皇天后土——宗教祭祀宫殿

移到现在的地方并增扩至7间。在1104年，徽宗赵佶取《孟子》中"孔子之谓集大成"语义，赞扬孔子思想集古圣贤之大成，于是将其改名为"大成殿"，后来被大火焚烧。现在我们所能看到的这座大成殿是清代雍正年间重建，重檐九脊，黄瓦飞甍，雕梁画栋，气势雄伟，八斗藻井饰以金龙和玺彩图，双重飞檐正中竖匾上刻清雍正皇帝御书"大成殿"三个贴金大字。大成殿与北京故宫太和殿、泰安岱庙天贶殿并称为"东方三大殿"。大成殿四周廊下环立28根石雕龙柱，均以整石刻成，是明代弘治年间徽州工匠刻制。大成殿两山及后檐的18根八棱石柱都是云龙浅雕。其中最吸引人眼球的是前檐的10根深浮雕龙柱，它们被称为是我国石刻艺术中的瑰宝。据说乾隆皇帝来这里祭祀的时候，石柱都会被红绫包裹，其目的就是防止皇帝看到，怪罪其技艺超过皇宫。这足以说明，我国劳动人民有着高超的智慧。

大成殿为曲阜孔庙的主殿，它的后面设立寝殿，同样采用的是前朝后殿的传统形式。前庭中设杏坛，这本来是孔子讲学的地方，但是后来被改成孔庙正殿。宋真宗末年，孔庙被扩建，在殿移后，这里设坛，因为周围环植杏树，所以被称为"杏坛"。金代时期在其上面建立亭子，明代又改建成重檐十字脊亭，所以才形成了现在的规模。大成殿建于1729年，重檐歇山顶，面阔9间，黄色琉璃瓦覆顶，殿前檐柱用十龙柱10根，高浮雕蟠龙及行云缠柱，这在其他地方的殿宇中几乎是看不到的。内外悬三副对联。门外为清世宗书"德冠生民溯地辟天开咸尊首出，道隆群圣统金声玉振共仰大成"联；前后内金柱分别悬挂清高宗书"觉世牖民诗书易象春秋永垂道法，出类拔萃河海泰山麟凤莫喻圣人"和"气备四时与天地鬼神日月合其德，教垂万世继尧舜禹汤文武作之师"对联。

在1966年"文化大革命"刚刚开始的时候，大成殿内的文物遭到破坏，现在我们所看到的是在1983年照原样复原的。

北京孔庙大成殿

泰安岱庙天贶殿

天贶殿为岱庙的主体建筑，位于岱庙仁安门北侧，元称仁安殿，明称峻极殿，民国始称今名。"天贶"即天赐的意思。相传北宋大中祥符元年（1008年）六月初六有"天书"降于泰山，宋真宗即于次年在泰山兴建天贶殿，以谢上天。整座大殿雕梁彩栋，贴金绘垣，丹墙壁立，峻极雄伟，虽历经数朝，但古貌犹存。殿主祀东岳大帝。

公元1008年，宋、辽在澶渊（今河南濮阳）交战，宋真宗虽大胜辽军，但无心再战，却签订了屈辱的条约，历史上称为"澶渊之盟"。宋真宗为了平息朝野的怨愤之情，巩固其统治地位，他采纳了副宰相王钦若策谋的"天降昭书"的骗局，于同年十月率领群臣，车载"天书"来到泰山，举行了隆重的答谢天恩告祭大礼，并定于每年六月初六为"天贶节"。翌年，下诏扩建岱庙，又在原泰山神殿的基础上，建造了天贶殿。殿内祀泰山神，1928年像毁，1944年重塑；1966年毁，1984年再塑。像高4.4米，头顶冕旒，身着衮袍，手持圭板，俨然帝君。龛上悬清康熙皇帝题"配天作镇"匾，门内上悬乾隆皇帝题"大德曰生"匾。像前陈列明、清铜五供各一套及铜鼎、铜釜、卤簿等。

天贶殿东西长43.67米，南北宽17.18米，高22.3米，殿阔9间，进深4间，重檐八角，斗拱飞翘，上覆黄琉璃瓦，檐间悬挂"宋天贶殿"的巨匾，檐下8根大红明柱，柱上有普柏枋和斗拱，外槽均单翘重昂三跳拱，内槽殿顶为4个复斗式藻井，其余为方形平棋天花板。整座大殿栾栌迭耸。

走进殿堂，正面高大的"东岳泰山之神"彩色塑像是1984年重塑的，坐像高4.4米，头顶冠冕十二旒，身着衮袍，手持圭板，肃穆端庄，造形生动，大有"栩栩如生，呼之欲出"之感。"泰山神"是道教所信奉的"百鬼之神"，可主宰生死。唐代被封为"天齐王"，

山东泰安岱庙天贶殿

第五章 皇天后土——宗教祭祀宫殿

宋时封为"天齐仁圣安",元朝又封为"东岳天齐大生仁皇帝",明太祖登基后,认为给泰山神加封号是"渎礼不经",故去掉所有封号,改称"东岳泰山之神"。从此,岱庙的地位也就不可一世,享有"东岳神府"的盛名了。塑像两边的楹联为清人吴云所书,"帝出乎震,人生于寅"。横额是清康熙帝于二十三年(1684年,朝泰山时所题"配天作镇"巨匾。殿堂内摆放着明、清时代的部分祭器。殿内东北西三面的《泰山神启跸回銮图》传为宋代所绘。壁画全长62米,高3.3米,画面借描绘泰山神出巡时的浩荡宏伟场面。

大殿东次间有明代铜铸"照妖镜"一架,原在遥参亭,1936年移此。

大殿重台宽广,雕栏环抱。中置明代铁铸大香炉和宋代两大铁桶;两侧有御碑亭,内立乾隆皇帝谒岱庙诗碑。

重台南有小露台,台上一石卓然中立,名扶桑石,又名介石,俗称迷糊石。石北14米处,一古柏挺立,传为唐代忠臣安金藏来泰山神前告武则天灭子之状,化为此柏,因名孤忠柏。

小露台南有石栏方池,跨道中通,名阁老池。池内及周围有玲珑石9块,金大安元年(1209年)奉符县(今泰安)令吴侃同母王氏所献。均具有透、露、瘦、垢、皱、丑、秀等特点。

天贶殿前宽阔的大露台分上下两层,雕栏环抱,站在大露台上,大有豁然开朗之感。露台两侧各有一座御碑亭,内立乾隆皇帝拜谒岱庙的诗碑。中间是明万历年间铸造的大香炉。露台下古柏相夹的甬道向南延伸,尽头是一个方形石栏小池,俗称"阁老池"。皇帝举行大典参拜泰山神时,群臣就恭候在这里。池内及周围9块姿态怪异的太湖石是金大安元年(1209年)泰安县令吴衔与其母王氏所献。每块石头各具特色,仔细观赏耐人寻味,甬道中间有一玲珑石卓然而立,名为"扶桑石"。扶桑石北面有一株古柏独立阶下,名为"孤忠柏"。

天贶殿后面是后寝三宫,中为正寝宫,面阔5间,两边为配寝宫,各3间。宋真宗大中祥符五年(1012年)诏封泰山神为"天齐仁圣帝"后,考虑到还缺个皇后,便于同年封了一个"淑明后",并为"她"修建了后宫,从"嫔妃"则居住配寝宫。封建统治者为了达到"借神安民"的目的,真可谓"用心良苦,处心积虑"。宫前银杏双挺,高大擎云,每年盛夏群鸟集栖,生气盎然。今为泰山文物展室。

泉州天后宫

泉州天后宫位于泉州市区南门天后路一号，始建宋庆元二年（1196年），地处城南晋江之滨，"蕃舶客航聚集之地"。该宫是我国东南沿海现存最早、规模最大的一座妈祖庙，有温陵天后祖庙之称，台湾和东南亚的许多妈祖庙都是从这里分灵的。泉州天后宫殿宇甚多，构成一个较大的建筑群。

山门：五开间，前有廊柱，做一高二低式歇山式顶，两侧有围墙接连，左右开配门。

戏台：坐南面北，前边为大院子，看戏的人可在院中面南看戏。面阔6.4米，进深5.1米，高约8米。设计天后庙时，将戏台与山门连接，两座建筑合二为一。

东西阙：古有"秦宫汉阙"之说，后人建设也常采取这种方式，此处用以显出对天后娘娘的尊敬。泉州天后宫东西二楼，实际上是钟楼与鼓楼。

天后殿：即全庙的正殿，是明、清时期的木构建筑，占地635平方米，全殿建在台基上，台基高1米，全部用花岗石砌成。大殿正侧各五间，成为方形平面；立柱全用花岗石柱；殿顶做九脊重檐式，四坡水歇山式样，上覆琉璃瓦，用彩色瓷片砌筑成各种纹样，这使殿顶更加精美。殿中原有大型天后神像已拆除。

东西廊：实际是东西片廊，各20多间，贯通天后庙的东西。这样设计，也兼作东西之围墙，但是在廊子里，各间都塑有神像。

东西轩：与廊子连通，常作为香客休憩的地方。

寝殿：又名"后殿"，面阔七间，进深三间，殿顶为双坡悬山顶，为明代大木结构。

梳妆楼：在庙的后部，目前已毁。

泉州天后宫

第五章 皇天后土——宗教祭祀宫殿

烟台天后行宫

烟台位于今山东省东北部,明代在这个地方设立烽火台,当敌人来犯时,在台上燃放狼烟。从那时之后,人们便称它为"烟台"。

清朝末年,在烟台建立天后行宫,这是供奉天后娘娘的庙宇。天后娘娘是一位海神,据记载,她是福建莆田林愿的第六个女儿,生后有祥光和异香伴随。升仙后,常穿红色衣服遨游海上,宋、元、明、清都有她显圣的记录。康熙皇帝封她为"天妃",又加封"天后娘娘",希望她能保佑人们出航平安,并且不要海潮上陆。

烟台天后行宫

行宫长70米,建筑面积约为2000平方米。全宫有山门、门殿、大雄宝殿(行宫)、戏台,形成4个院落,四周有环层围绕,在中部建造殿堂、门廊、殿台,并有华丽的装饰,在各殿施以雕刻、彩画,使各殿更加华丽。

大雄宝殿(行宫)是全宫最主要的建筑,平面五开间,上覆歇山式顶,檐角上翘。在第二重门做比较豪华的装饰,并以木石相结合,即在门殿的下半部用石材、上半部(包括屋架)均用木材。

凡明、清两代建筑上常用的木构件及其建筑手法,在天后行宫都有所表现,例如:门枕石、双扇板门、走马板、梁枋、门窗、柱额、驼峰、花兰垂柱、擎核柱、华带牌及歇山式顶等,应有尽有。另外,在行宫的建筑中充分体现出南北方建筑相融合的特点,这是非常重要的。南方常用的挑檐角,行宫做得也很突出,而漏窗、斜梁、开敞式的内外廊,基本上都运用在北方式的建筑上,它们在行宫中也得以应用。

第二节
宗教圣地

山西芮城永乐宫

永乐宫的原址位于山西永济县永乐镇。相传这里是道教仙人吕洞宾的家乡，唐时，永乐镇建有吕公祠，金、元之际扩大为观，元时道教极盛，中统三年（1212年）在原观被焚后扩大重建为"大纯阳万寿宫"。以后虽然屡经修葺，规模有所缩小，但主要部分仍保持原貌。

现存永乐宫除山门外，均在一条中轴线上，并按原状布置了四个建筑物，即无极门、三清殿、纯阳殿、重阳殿。永乐宫是现存最早的道教宫观，也是目前保存最为完整的一组元代建筑。

永乐宫保存着举世闻名的元代壁画，几个大殿内的壁画面积共有960平方米，三清殿和纯阳殿内的壁画尤为精美。

芮城永乐宫

三清殿为永乐宫的主要大殿，殿内四壁及神龛内均绘满了壁画，13世纪时，艺术家们以飘逸流畅的线条描绘了近300个值日神像，其中有身材高大、神情严肃的"帝君"，也有持花微笑、凝眸欲语的"玉女"，如此众多的人物，高低错落，姿态不一，构图极富变化，又有完整统一的艺术效果，被认为是现存元代壁画中最为精彩的一幅。

纯阳殿面阔五间，四壁绘有

第五章 皇天后土——宗教祭祀宫殿

"纯阳帝君仙游显化之图",描绘吕洞宾生平事迹的绘画共52幅,每幅画自成中心,而以树、石、云、水等将52幅画面从构图上联结成一个整体。这些画上,有宫廷、村落、舟船、酒店,也有各类人物的形象,是研究元代人民生活情况的珍贵资料。在这个殿的神龛背面,还绘有吕纯阳向钟离问道的壁画,用笔简练,技法精湛,具有元代绘画的独特风格。

1959年,在永乐宫旧址修建黄河三门峡水库而迁移时,这960平方米的壁画被精心地揭取下来运至芮城新址,复原于迁建后的原建筑中。

山东太平宫

太平宫初名"太平兴国院",也被称为"上苑"。它是宋太祖为华盖真人刘若拙敕建道场,在1190—1195年重修的。正殿名为"三清殿",配殿为三官殿和真武殿,它们位于崂山东部上苑山北麓的仰口湾畔。

据说太平宫坐落在一个深山峡谷之中,四周都是山峦,只有一条羊肠小道能到达太平宫的门口。在离宫口很远的地方就能听到太平宫的流水声。水声在山间回荡起伏,在走进宫口之后,只见白雾缭绕,隐隐约约能看到很多奇石。拨开白纱般的水雾,可以看到一个水潭。水潭正中耸立着一根圆形石柱,石柱周围依偎着3块蛤蟆般的怪石。相传这三块怪石本来是一整块石头,但是后来被一个螃蟹精占据,每天早晨,她就会变成一个妖娆的美女伏在巨石上哭泣。当有人循声过来时,她就会现出原形,吃掉来人,久而久之,她给很多家庭带来了痛苦。所以,玉皇大帝知道这件事情之后就派雷神除掉妖魔,随着一声巨雷,妖魔化成灰烬,但是这块巨石也被击成几块。从此之后,这里再也没发生过类似的事情,所以被称为"太平宫"。

太平宫在崂山之上,崂山古称"牢山""劳山"。它坐落在山东半岛的东南,西靠青岛,东、南两面濒临黄海。崂山不仅是中国道教名山,而且也是著名的避暑游览胜地。崂山景区包括很多著名的景点,如太清宫、太平宫、北九水、华楼宫、鹤山和崂顶巨峰……人称峻山的石峰是"天然的花岗岩群雕"。因为靠近海,所以山色海波相映,最终形

太平宫

成了紫霞云海甚至是"海市蜃楼"的奇特景象。另外，崂山泉水也非常出名，所以形成了崂山独特的自然景观。如《齐记》所云："泰山虽云高，不如东海崂。"自古以来，崂山被称为"神宅仙窟""海上仙山第一"。很多皇帝都曾经来这里求仙。自宋、元以来，宫观多次进行兴建，最盛时达"九宫八观七十二庵"。现在还存有很多。这些建筑大多是石壁瓦舍，简朴无华，具有道家风范。其中太清宫中的汉柏唐榆到现在仍然郁郁葱葱。历史上很多名家道士曾经来这里修炼或者是漫游，如丘处机、张三丰，文人李白、苏轼、蒲松龄……这使得秀丽的山水增添了几丝文气。

太平宫的殿宇呈"品"字形，院门的照壁上单线钩刻"海上宫殿"4个大字。其结构较为严谨，相传是在建宫时所镌刻的。正殿旧祀三清和玉皇，配殿东祀三官，西奉真武，近些年在修整的时候，又重新塑造了一些新的神像。

知识链接

安徽九华山肉身宝殿

肉身宝殿是安徽省九华山神光岭上一座建在地藏墓地上的宝塔形建筑，也被称为"地藏塔"，始建于781年，后来被毁掉。明初及1873年进行了两次重建，后来经过多次翻修，最终成为现在我们所看到的样子。

宝殿采用对称轴式，重檐歇山顶，红墙铁瓦。入口为一凹廊，设长窗，上有"东南第一山"匾额，额上有"肉身宝殿"木雕竖额，木纹彩轩，梁枋、柱头饰彩画、木雕。

殿前有百级台阶直通山门，而山门和石级之间有方池、石桥。殿内有7层木质宝塔，塔顶饰华盖，塔身各层有8间神龛，内供地藏王塑像，塔底层供地藏王大佛像，两侧有十殿王塑像、汉白玉佛台。殿三面环廊，有石柱、木雕，殿后有瑶台、古花园，称"布金胜地"，殿侧则有文物室。

第五章 皇天后土——宗教祭祀宫殿

 **西藏布达拉宫**

在中国现存宫殿中，还有一座极为特殊的宫殿，它就是西藏的布达拉宫。它曾是集宗教与行政于一体的宫殿，是中国古代西藏地区政教合一的产物。布达拉宫成为历代达赖喇嘛的冬宫居所，也是西藏政教合一的统治中心。整座宫殿具有鲜明的藏式风格，依山而建，气势雄伟。布达拉宫中还收藏了无数珍宝，堪称艺术的殿堂。1961年，布达拉宫被中华人民共和国国务院公布为第一批全国重点文物保护单位之一。1994年，布达拉宫被列为世界文化遗产。

布达拉宫位于西藏拉萨西北的玛布日山上，是著名的宫堡式建筑群，是中国藏族古代建筑艺术的精华。相传在公元7世纪，吐蕃赞普（即王之意）松赞干布为了迎娶唐朝的文成公主，在这里创建了宫室。现在山顶上的法王洞内，尚有松赞干布和文成公主等人的塑像。现存其他建筑大都是在公元17世纪中叶达赖五世受清王朝册封后重新修建的。

在拉萨海拔为3700多米的红山上，宫堡依山而建，现占地41万平方米，建筑面积为13万平方米，宫体主楼13层，高117米，全部为木石结构，5座宫顶覆盖镏金铜瓦，镏金经幢金光灿烂，气势雄伟，被誉为高原圣殿。布达拉宫建筑群分为三大部分：一为山前宫殿，二为山顶宫殿，三为山后区。宫城已有主要管理机构，山顶宫区主要以红宫、白宫为主体，其中有寝宫、佛殿、聚会殿、灵塔殿等。在西南山坡为僧舍，北面一片是达赖喇嘛亲属进宫时的临时用房。宫城区是一座山城，呈方形，东、西、南3个方面砌出9米高的山墙。

布达拉宫依山垒砌，分为红宫和白宫两部分，以其外部红、白二色作为区别。布达拉宫里最主要的大建筑群，一是白宫、二是红宫。内部两宫殿院墙围绕、道路井然，殿宫佛舍、塔殿俱全。每个宫的层数都很多，建得很高，气势辉煌。红宫做红墙大金顶，高七层。殿堂壁画丰富多彩。白宫主要的殿宫外表装饰白色，主楼达7层。从山顶

布达拉宫

到宫室有6道门，道路系统十分完善。红宫居中，为历代达赖喇嘛的灵塔殿。白宫居侧，为佛堂、经室、寝宫等建筑。

宫殿的设计和建造根据高原地区阳光照射的规律，墙基宽而坚固，墙基下面有四通八达的地道和通风口。屋内有柱、斗拱、雀替、梁、椽木等，组成撑架。铺地和盖屋顶用的材料是一种叫作"阿尔嘎"的硬土，各大厅和寝室的顶部都有天窗，便于采光，调节空气。宫内的柱梁上有各种雕刻，墙壁上的彩色壁画面积有2500多平方米。

宫内还收藏了西藏特有的、在棉布或绸缎上彩绘的唐卡，以及历代文物。1994年12月初，西藏拉萨布达拉宫被联合国教科文组织作为文化遗产列入《世界文化遗产名录》。

 1. 红宫

红宫建于公元1690年。当时，清朝的康熙帝特地从内地派来工匠进入西藏参与扩建布达拉宫。红宫的主体建筑是各类佛堂和达赖喇嘛的灵塔。宫内有8座存放各世达赖喇嘛法体的灵塔，其中最大、最华丽的灵塔是五世达赖喇嘛的灵塔，塔身用金皮包裹，镶珠嵌玉，耗资巨大。红宫中最大的殿堂"司西平措"，即西大殿，殿内正中上方高悬乾隆所赐"涌莲初地"匾额，而且设有六世达赖喇嘛宝座。殿中还存有清康熙帝赠送的一对大型锦帐，它是布达拉宫的珍宝之一。红宫最高的殿堂是殊胜三界殿，其旁边的经书架上还置放着雍正皇帝赐与七世达赖喇嘛的北京版《丹珠尔》经书。红宫最西是十三世达赖喇嘛灵塔殿，据说这是用20余万颗珍珠串缀而成的，富丽堂皇。

红宫位于布达拉宫的中央位置，其外墙为红色。宫殿采用了曼陀罗布局，以历代达赖的灵塔殿为中心建造了许多经堂、佛殿，这样就可以使其与白宫连为一体。

历代达赖喇嘛的灵塔殿是红宫最主要的建筑，共有5座，分别是五世、七世、八世、九世和十三世。每个宫殿有着相同的形制，但是规模大小存在很大差别，其中最大的是五世达赖灵塔殿，其殿高3层，由16根大方柱支撑，而中央安放五世达赖灵塔，两侧分别是十世和十二世达赖的灵塔。红宫中最大的殿堂是五世达赖灵塔殿的享堂西大殿。殿内悬挂乾隆帝亲书的"涌莲初地"匾额，下置达赖宝座。整个殿堂雕梁画栋，其内容大多与

第五章 皇天后土——宗教祭祀宫殿

五世达赖的生平有关。在红宫的西部是建于1936年的十三世达赖灵塔殿，它是布达拉宫最晚的建筑。其规模也是非常大的。殿内除了灵塔，还供奉着一尊十三世达赖像和一座法物"曼扎"，它是用20万颗珍珠、珊瑚珠编制而成的。

相传红宫中的法王殿和圣者殿都是吐蕃时期遗留下来的建筑。法王殿正处在布达拉宫的中央位置，而它的下面就是玛布日山的山尖。相传这里曾经是松赞干布的静修之所，如今所供奉的塑像有松赞干布、赤尊公主、文成公主以及大臣们。圣者殿供奉着一尊观世音菩萨像，它是由檀香木天然形成的。

红宫的屋顶平台上布满各灵塔殿的金顶，它们都是单檐歇山式，以木质斗拱承托外檐，上覆镏金铜瓦。顶端立一大二小三座宝塔，金光闪闪，甚是耀眼。屋顶外围的女墙用一种深紫红色的灌木垒砌而成，而其外点缀着各种金饰，墙顶立有巨大的镏金宝幢和红色经幡，这将藏式的风格充分体现出来。

除此之外，红宫中还有一些其他特别重要的宫殿。例如，红宫最高的殿堂是三界兴盛殿，其内藏有大量经书和清朝皇帝的画像；坛城殿有3个巨大的铜质坛城，供奉密宗三佛；持明殿主供密宗宁玛派祖师莲花生及其化身像……

2. 白宫

白宫始建于公元1645年，耗时8年，其中心是观音堂，向东向西修建起一片巨大的寺宇。因为整个寺宇的墙面被涂成白色，所以被称为"白宫"。白宫高7层，位于第4层中央的东大殿是布达拉宫重要的殿堂，历代达赖喇嘛都会在这里举行重大的宗教和政治活动。第5、6两层是摄政办公和生活用房。而最高的一层是达赖喇嘛的冬宫，这里的采光条件非常好，从早晨到晚上都是金光灿烂的，所以被称为"日光殿"。日光殿被分为东西两部分，原殿是西日光殿，而东日光殿是后来仿造的，两殿有着相似的布局，分别是十三世和十四世达赖的寝宫，同时，他们也在这里处理政务。这里等级森严，除了高级僧俗、官员，任何人是不被允许进入的。殿内有很多陈设，如朝拜堂、经堂、习经室和卧室……而宫殿外则有一个宽大的阳台，从这里，人们可以看到整个拉萨城的面貌。

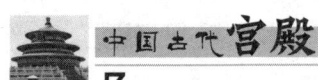

白宫是达赖喇嘛的生活起居地，其有着较为精美的摆设和华丽的布置，墙上绘有与佛教有关的绘画，而且它们都是出自名家之手。整个建筑群占地10余万平方米，房屋数千间，布局非常严谨，错落有致，这将西藏建筑工匠高超的技艺充分体现了出来。布达拉宫是西藏政教合一政权的中心。每到盛大节日活动的时候，这里就会挤满各民族的佛教信徒，所以它是著名的佛教圣地。

现存布达拉宫最古老的建筑是法王洞。在9世纪时，因为吐蕃内乱，所以布达拉宫遭到了破坏，现在只有法王洞。洞内供奉着很多人物的塑像。

白宫外部有"之"字形的上山蹬道。在它东侧的半山腰上有一块宽阔的广场，被称为"德央厦"，在这里达赖喇嘛可以观看戏剧和进行各种户外活动。广场的南北两侧建有一些其他建筑，如僧官学校。

白宫在红宫的下方与扎厦相连。扎厦位于红宫西侧，它是为布达拉宫服务的喇嘛们的居所。由于其外墙也为白色，所以也被看作白宫的组成部分。

西藏雍布拉康

在藏语中，"雍布"意为"母鹿"，由于扎西次山形与母鹿相似，所以被称为雍布。而藏语"拉康"意为"神殿"。所以，雍布拉康的意思是"母子宫"，它位于山南地区泽当镇东南，高耸于雅砻河东岸扎西次日山顶。

雍布拉康是西藏历史上的第一座宫殿，它分为前后两部分，前部是一幢3层楼房，而后部是一座碉房雄踞山巅。前部一进门就是门庭，庭外有带檐小平台，再往里是宽大的殿堂，主要供奉三世佛像及松赞干布、文成公主像。二楼前半部为三面环绕矮墙的平台，后部是带天井的回廊和大殿，里面供奉着强巴佛、宗喀巴、莲花生、文殊菩萨等。除此之外，还有一间专供历世达赖喇嘛来此礼佛时的卧室。三层后部是廊院，可通向碉楼。而碉楼上层的四壁则是各种壁画。整个建筑墙体是纯石结构，其经久耐用。一条石阶从平川重叠而上，充分展现了古代典型的城堡建筑模式，同时也将王权的至高无上体现了出来。

雍布拉康主要供奉释迦牟尼佛像。从宫殿内的壁画上我们可以了解西藏的第一位国王、第一座建筑、第一块耕地的历史故事。据说，在公元5世纪，

第五章 皇天后土——宗教祭祀宫殿

藏王托托念赞时期，有一本佛经从天而降，其正好落在雍布拉康宫顶，当时无人能识。在那个时候，有圣人说，到了公元7~8世纪有人就能读懂这本书，所以被一直保存了下来。

据说雍布拉康是西藏最早的建筑，但它刚开始并不是寺院，而只是早期雅砻部落首领的宫殿。民间传说："宫殿莫早于雍布拉康、国王莫早于聂赤赞普、地方莫早于雅砻。"而雍布拉康就是聂赤赞普在雅砻地方建造的宫殿。

据说松赞干布在原来宫殿的两边修建了两层楼的殿堂。殿堂底层为佛殿，二层为法王殿。现在，雍布拉康已经改作寺庙。后来经过多次扩建，

雍布拉康

在殿堂西边增建了门厅，南边增建了僧房。在五世达赖时期，碉楼式建筑上加修了四角攒尖式金顶。在15世纪，宗喀巴弟子克珠顿珠在雍布拉康被创建了日乌曲林，而且开始由该寺管理雍布拉康事务。每年向雍布拉康派5名喇嘛，一年轮换一次，这种情况一直持续到民主改革之前。

西藏解放后，党和政府特别重视文物的保护工作，在1962年确定雍布拉康为自治区级文物保护单位，而且还拨款进行维修。但是在"文化大革命"中，雍布拉康遭遇了前所未有的浩劫，很多文物已经消失，仅剩下残垣断壁。在1982年，山南地区文管会主持修缮雍布拉康，经过2年多的时间，其基本已经恢复了原貌。

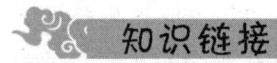

地下宫殿——秦始皇陵

秦始皇（公元前259—前210年）即位后不久，便开始在骊山营建他的陵墓，统一六国后，更从全国各地征调70万人参加陵的修建。前后费时近40年，至秦亡时陵园尚未完全竣工。据史籍记载，陵丘高五十余丈，周围五里有余，墓内建有各式宫殿，陈列各式奇珍异宝，工程之浩大为史所罕见。

1974—1977年在秦始皇陵东1公里处，发掘出作为秦始皇陵陪葬墓坑之一的兵马俑坑。一号坑在南，东西长216米，宽62米，面积达13260平方米。二号坑东西长124米，宽98米，面积为6000平方米。三号坑面积520平方米。已发掘一部分，共出土武士俑800件，木质战车18辆，陶马100多匹。按兵马俑现有排列形式推算，这3个坑的武士俑可能有7000件，战车100辆，战马100匹。有模拟的军阵，可以想见2000多年前横扫六国、统一全国、所向披靡的秦国军队的威武强大。陶俑身材高大，一般在1.8米左右，形态各异，表情逼真。体现了秦代高超的雕塑技艺水平。

秦代以前，对先王的祭祀不在墓地进行，秦始皇首次将祭祀用的寝殿建在墓地。秦始皇的陵园内有两重城垣，平面呈回字形，陵丘位于内城垣中偏南侧。陵丘的西北50米处建有寝殿，现可见到的基址近方形，面积3500平方米，附近还有其他建筑遗址。在寝殿中，对秦始皇像进行供奉和祭祖。这种陵寝制度对后代产生了深远的影响，为以后历代帝王陵墓所效仿，直至明、清。这也是中国古代丧葬文化的一个发展。

图片授权
全景网
壹图网
中华图片网
林静文化摄影部

敬　启
　　本书图片的编选，参阅了一些网站和公共图库。由于联系上的困难，我们与部分入选图片的作者未能取得联系，谨致深深的歉意。敬请图片原作者见到本书后，及时与我们联系，以便我们按国家有关规定支付稿酬并赠送样书。
　　联系邮箱：932389463@qq.com

参考书目

1. 徐建融．图说中国古典建筑——宫殿陵墓．上海：上海人民美术出版社，2012.
2. 谢宇．中国古代宫殿堪舆考．北京：华龄出版社，2012.
3. 李纯．中国宫殿建筑美学三维论．武汉：湖北人民出版社，2012.
4. 祝勇．旧宫殿．上海：上海文艺出版社，2012.
5. 杨泓勋．中国史话：宫殿建筑史话．北京：社会科学文献出版社，2012.
6. 杜金鹏．殷墟宫殿区建筑基址研究．北京：科学出版社，2010.
7. 《探索发现丛书》编委会编．闻名世界的辉煌宫殿——探索发现丛书．成都：四川科技出版社，2010.
8. 《看图走天下丛书》编委会编．看图走天下丛书：走进世界著名宫殿．北京：世界图书出版公司，2010.
9. 中国建筑工业出版社编．宫殿建筑．北京：中国建筑工业出版社，2010.
10. 杨鸿勋．宫殿考古通论．北京：紫禁城出版社，2009.
11. 陈世珍．宫殿的欲念．北京：中国发展出版社，2009.
12. 雷从云，陈绍棣，林秀贞．中国宫殿史．天津：百花文艺出版社，2008.
13. 陈伯超．盛京宫殿建筑．北京：中国建筑工业出版社，2007.

中国传统风俗文化丛书

一、古代人物系列（9 本）
1. 中国古代乞丐
2. 中国古代道士
3. 中国古代名帝
4. 中国古代名将
5. 中国古代名相
6. 中国古代文人
7. 中国古代高僧
8. 中国古代太监
9. 中国古代侠士

二、古代民俗系列（8 本）
1. 中国古代民俗
2. 中国古代玩具
3. 中国古代服饰
4. 中国古代丧葬
5. 中国古代节日
6. 中国古代面具
7. 中国古代祭祀
8. 中国古代剪纸

三、古代收藏系列（16 本）
1. 中国古代金银器
2. 中国古代漆器
3. 中国古代藏书
4. 中国古代石雕
5. 中国古代雕刻
6. 中国古代书法
7. 中国古代木雕
8. 中国古代玉器
9. 中国古代青铜器
10. 中国古代瓷器
11. 中国古代钱币
12. 中国古代酒具
13. 中国古代家具
14. 中国古代陶器
15. 中国古代年画
16. 中国古代砖雕

四、古代建筑系列（12 本）
1. 中国古代建筑
2. 中国古代城墙
3. 中国古代陵墓
4. 中国古代砖瓦
5. 中国古代桥梁
6. 中国古塔
7. 中国古镇
8. 中国古代楼阁
9. 中国古都
10. 中国古代长城
11. 中国古代宫殿
12. 中国古代寺庙

五、古代科学技术系列（14本）

1. 中国古代科技
2. 中国古代农业
3. 中国古代水利
4. 中国古代医学
5. 中国古代版画
6. 中国古代养殖
7. 中国古代船舶
8. 中国古代兵器
9. 中国古代纺织与印染
10. 中国古代农具
11. 中国古代园艺
12. 中国古代天文历法
13. 中国古代印刷
14. 中国古代地理

六、古代政治经济制度系列（13本）

1. 中国古代经济
2. 中国古代科举
3. 中国古代邮驿
4. 中国古代赋税
5. 中国古代关隘
6. 中国古代交通
7. 中国古代商号
8. 中国古代官制
9. 中国古代航海
10. 中国古代贸易
11. 中国古代军队
12. 中国古代法律
13. 中国古代战争

七、古代文化系列（17本）

1. 中国古代婚姻
2. 中国古代武术
3. 中国古代城市
4. 中国古代教育
5. 中国古代家训
6. 中国古代书院
7. 中国古代典籍
8. 中国古代石窟
9. 中国古代战场
10. 中国古代礼仪
11. 中国古村落
12. 中国古代体育
13. 中国古代姓氏
14. 中国古代文房四宝
15. 中国古代饮食
16. 中国古代娱乐
17. 中国古代兵书

八、古代艺术系列（11本）

1. 中国古代艺术
2. 中国古代戏曲
3. 中国古代绘画
4. 中国古代音乐
5. 中国古代文学
6. 中国古代乐器
7. 中国古代刺绣
8. 中国古代碑刻
9. 中国古代舞蹈
10. 中国古代篆刻
11. 中国古代杂技